Stephan Konrad · Franz Kopinski

•

Wohnungseigentum – Ihre Rechte und Pflichten

Stephan Konrad · Franz Kopinski

Wohnungseigentum – Ihre Rechte und Pflichten

Erwerb – Verwaltung – Vermietung

Bibliografische Information der Deutschen Nationalbibliothek
Die Deutsche Nationalbibliothek verzeichnet diese Publikation in der Deutschen
Nationalbibliografie; detaillierte bibliografische Daten sind im Internet über
http://dnb.d-nb.de abrufbar.

ISBN 978-3-7093-0355-9

Umschlag: *stern* und buero8
Satz: Hannes Strobl, Satz·Grafik·Design, 2620 Neunkirchen
© LINDE VERLAG WIEN Ges.m.b.H., Wien 2011
1210 Wien, Scheydgasse 24, Tel.: +43/1/24 630
www.lindeverlag.de
www.lindeverlag.at

Druck: Hans Jentzsch & Co. GmbH, 1210 Wien, Scheydgasse 31

1

Inhalt

Vorwort

Baulastverzeichnis, Oberkante Gelände, bauseits, Gleichwertigkeitsklausel – Sie wollen eine Wohnung kaufen und kennen diese Begriffe nicht? Dann sind Sie hier richtig. Willkommen im *stern*-Ratgeber „Wohnungseigentum – Ihre Rechte und Pflichten". Hier finden Sie alles, was Sie wissen müssen, wenn Sie Wohnungseigentümer werden wollen oder schon geworden sind.

Eine eigene Wohnung ist eine schöne, aber auch raffinierte Angelegenheit. Sie öffnet Ihnen eine neue Welt, in der Sie als Laie auf lauter Fachleute treffen. Längst nicht alle wollen Ihr Bestes. Alle aber wissen bestens Bescheid und hantieren wie selbstverständlich mit Begriffen wie „Baulastverzeichnis". Es ist deshalb wichtig, sich auf den Erwerb einer Eigentumswohnung vorzubereiten – zumal es im Regelfall um sechsstellige Summen geht. Dieses Buch aus der erfolgreichen *stern*-Ratgeber-Reihe zeigt, worauf Sie achten müssen, welche Fragen Sie stellen sollten und was Sie sich wann schriftlich vorlegen lassen müssen.

Eine Wohnung ist immer nur ein Teil eines Hauses. Sie bekommen es als Besitzer der Wohnung deshalb auch mit anderen Wohnungseigentümern zu tun. Auch hier gelten eigene Regeln und Gesetze. Wer weiß schon, was eine Eigentümergemeinschaft alles regeln muss und wie man dabei seine Interessen vertritt? Wer weiß schon, was der Verwalter darf und was nicht?

Der *stern*-Ratgeber „Wohnungseigentum – Ihre Rechte und Pflichten" versteht sich als kleiner Begleiter durch alle Unwegsamkeiten. Damit Sie die Freude an Ihrer Immobilie immer behalten.

Frank Thomsen

Chefredakteur *stern*.de

KAPITEL 1

Die Eigentumswohnung

Kapital

Der Kauf einer Eigentumswohnung bietet sich vor allem in Städten als Alternative zur Mietwohnung oder zum Kauf eines Hauses an. Viele Leute können oder wollen sich nicht mit Haus und Garten belasten, sondern in einer eigenen Wohnung das Leben genießen und gleichzeitig Kapital in Form von Wohneigentum anlegen. Auch zur reinen Kapitalanlage eignen sich Eigentumswohnungen. Zwar gelten die erzielbaren Renditen aus Mieteinnahmen als ziemlich gering, doch im Vergleich zu manch anderen Anlageformen als sehr sicher.

IN DIESEM KAPITEL ERFAHREN SIE,

– was Wohnungseigentum ist,
– wie Sonder-, Gemeinschafts- und Teileigentum voneinander abgegrenzt werden und
– welche Rechte die Käufer erwerben.

Wer eine „Eigentumswohnung" kauft, erwirbt rechtlich betrachtet nicht eine Wohnung im Sinne von Außenmauern und tragenden Decken in einem Stockwerk eines Hauses. Eine Eigentumswohnung ist etwas ganz anderes:

Tausendstel

• ein Anteil an einem Grundstück und dem darauf stehenden Haus, gerechnet in Tausendstel (man erwirbt nicht diese oder jene Quadratmeter, Ziegelsteine, Mauerstücke, Treppenstufen, Dachflächen oder Versorgungsleitungen, sondern einen abstrakten, über Tausendstel definierten „Miteigentumsanteil" an der gesamten Immobilie);

• das Sondereigentum an einer Wohnung, das sind der Bodenbelag, die Putzoberfläche der Wände und Decken, die nichttragenden Wände und die Installationen wie eine Küchenzeile oder eine Badeinrichtung (zugespitzt formuliert könnte man sagen: Das Sondereigentum ist nicht viel mehr als die Luft in der Wohnung);

- das Recht, als Mitglied der Wohnungseigentümergemeinschaft über das Gemeinschaftseigentum (Verwaltung, Haushalt, Renovierung, Nutzung, Problemlösung) mitzubestimmen;

- eventuell bestehende Sondernutzungsrechte an gemeinschaftlichem Eigentum, zum Beispiel an einer Garage oder einem Teil des Gartens.

Der Begriff Wohnungseigentum bezieht sich ausschließlich auf Räume, die tatsächlich eine Wohnung bilden: Es muss sich daher um eine geschlossene Einheit handeln, die eindeutig von anderen Einheiten getrennt ist und direkt vom Gemeinschaftseigentum aus über eine eigene Tür erreicht werden kann.

Wohnung

Außerdem müssen sämtliche Räume vorhanden sein, die zum Führen eines Haushalts notwendig sind: Wohnraum, Schlafzimmer, Nahrungszubereitungsmöglichkeit (Küche/Kochgelegenheit) sowie Bad und WC.

Sondereigentum

Wer eine Eigentumswohnung kauft, interessiert sich in erster Linie einmal für das Sondereigentum, den Kernbereich des Wohnungseigentums. Im Vordergrund stehen folgende Fragen: Wie groß ist die Wohnung? Welchen Eindruck vermittelt sie? Ist sie gut geschnitten? Hat die Wohnung eine Terrasse oder einen Balkon? Ist sie kinder-, alten- oder behindertengerecht?

Neben diesen stellt sich jedoch auch folgende wichtige Frage: Was gehört alles zum Sondereigentum einer Wohnungseinheit? Kellerabteil, Garage, Speicherabteil, Gartenteil, Hobbyraum? Eine verbindliche Auskunft darüber gibt die „Teilungserklärung"; auf Prospekte und Anzeigen sollte man sich nicht verlassen.

Teilungserklärung

Was alles zum Sondereigentum gehört, geht eindeutig aus der Teilungserklärung und dem Aufteilungsplan hervor. Alles, was hier nicht explizit als Sondereigentum ausgewiesen ist, ist automatisch Gemeinschaftseigentum. Über das Sondereigentum kann ein Eigentümer frei und ohne Einschränkungen verfügen. Es handelt sich um echtes Eigentum im Sinne von § 903 BGB.

Echtes Eigentum

Nicht alles, was sich in einer Wohnung oder in den Nebenräumen befindet, gehört automatisch zum Sondereigentum. Zum Beispiel zählen tragende Wände, Kamine und Installationen wie Wasserleitungen oder Heizungsrohre, die der Versorgung aller Wohnungen dienen, nicht zum Sonder-, sondern zum Gemeinschaftseigentum.

Erlaubte Änderungen

Während der Wohnungseigentümer sein Sondereigentum nach eigenen Wünschen verändern kann, darf er am Gemeinschaftseigentum keine Veränderungen vornehmen. Er kann beispielsweise in seinem Sondereigentum anstelle eines nicht mehr gewünschten Teppichbodens ein edles Parkett legen, ein neues Bad einbauen oder nichttragende Zwischenwände herausreißen lassen (sofern diese nicht zum Gemeinschaftseigentum zählen). Er darf jedoch niemals störende, auf Putz verlegte Wasserrohre der Gemeinschaft auf eigene Faust in die Wand verlegen.

Echter Raum

Zu beachten ist, dass Sondereigentum sogenanntes Raumeigentum ist. Ein Raum muss erkennbar der Länge, Höhe und Breite nach abgegrenzt sein. Unbebaute Grundstücksteile können daher auch per Teilungserklärung nicht als „Sondereigentum" deklariert werden. Nicht nur das Sondereigentum selbst, sondern auch die Nebenräume wie das Kellerabteil müssen von den Nebenräumen anderer Einheiten örtlich getrennt und verschließbar sein.

Gartenanteil und Balkon

Einschränkend hat die Rechtsprechung eine Einräumung von Sondereigentum an solchen „Räumen" akzeptiert, die nicht nach allen Seiten exakt begrenzt sind. Nur deshalb kann Sondereigentum an einem Garagenstellplatz, an Balkonen und Dachterrassen bestehen. Auch Gartenanteile, soweit deutlich abgegrenzt, können Gegenstand des Sondereigentums sein.

In der Teilungserklärung wird das Sondereigentum näher bezeichnet, jedoch kann auch eine Teilungserklärung Sondereigentum nur an solchen Teilen des Gebäudes einräumen, die „sondereigentumsfähig" sind. Tragende Teile einer Immobilie sind immer Gemeinschaftseigentum.

Rechte aus dem Sondereigentum (§ 13 Abs. 1 WEG)

– Freie Gestaltungsmöglichkeiten wie Dekoration, räumliche Veränderung (soweit nichttragende Teile betroffen sind)

– Abwehr des Einflusses Dritter, auch weiterer Miteigentümer

– Frei verkäuflich (eine gegebenenfalls erforderliche Zustimmung des Verwalters kann nur aus wichtigem Grund verweigert werden)

– Belastbarkeit (zum Beispiel durch Grundschuld)

– Freie Nutz- und Vermietbarkeit (begrenzt ist dieses Recht lediglich durch die Teilungsanordnung und den dort vorgeschriebenen Nutzungszweck)

Pflichten aus dem Sondereigentum (§ 14 WEG)

– Kostentragung für Instandhaltung und Renovierung

– Vermeidung nachteiliger Auswirkungen auf die übrigen Miteigentümer (der Wohnungseigentümer hat insoweit auch auf seine Mieter einzuwirken und können bei Störungen durch diese in Anspruch genommen werden)

– Ein Wohnungseigentümer ist auch verpflichtet, den Zutritt zu seinem Eigentum zu gestatten, wenn die Instandhaltung oder Instandsetzung des gemeinschaftlichen Eigentums dies erfordert (entsteht hierdurch Schaden, ist ihm dieser zu ersetzen)

– Einhaltung der Gebrauchsregelung, die die Teilungsanordnung vorgibt

Teileigentum

Neben dem Wohnungseigentum gibt es das „Teileigentum" an Räumen, die gewerblich genutzt werden. Teileigentum kann zum Beispiel sein:

- ein Büro,
- eine Werkstätte,
- ein Lagerraum,
- ein Ladengeschäft.

Konflikte Häufig findet sich in einem aufgeteilten Haus sowohl Teileigentum (zur gewerblichen Nutzung) als auch Wohnungseigentum. Daraus können Konflikte entstehen, insbesondere wenn ein Gewerbe zum Beispiel Lärm oder Geruchsbelästigung für die Bewohner eines Hauses mit sich bringt. Auch der Publikumsverkehr, der mit so manchem Gewerbe verbunden ist, kann zu erheblichem Ärger führen.

BEISPIEL

Zweckwidrige Nutzung eines Ladengeschäfts

In einer großen Wohnanlage mit einigen Ladengeschäften steht ein etwa 160 Quadratmeter großer Laden lange Zeit leer. Die alte Ladeneinrichtung verstaubt, doch dann zieht ein neuer Mieter ein. Der Laden wird umgestaltet, neu eingezogene Wände versperren den Blick in den Laden. Tagsüber sind kaum Aktivitäten feststellbar. Nur in den Abend- und Nachtstunden huschen junge Damen in den Laden, der daraufhin von überwiegend älteren Herren mit ergrauten Haaren aufgesucht wird. Die Eigentümer des Hauses beobachten diese Vorgänge mit wachsender Sorge. Der Verwalter wird verständigt, er erkundigt sich beim Eigentümer des Ladens, welche Art von Gewerbe denn da praktiziert werde. Der Eigentümer gibt sich ahnungslos, man möge doch seinen Pächter fragen. Die Eigentümergemeinschaft beauftragt den Verwalter, gegen den Eigentümer des Ladens außergerichtlich und notfalls gerichtlich vorzugehen und die zweckwidrige Nutzung des Ladens zu beenden. Der Verwalter gibt dem Eigentümer des Ladens telefonisch und schriftlich zu verstehen, dass er die zweckwidrige Ladennutzung sofort zu beenden habe. Doch da dies nichts hilft, schaltet der Verwalter einen Fachanwalt für Miet- und Wohnungseigentumsrecht ein. Der Fachanwalt formuliert ein geharnischtes Schreiben an den Eigentümer des Teileigentums und droht Klage an. Nach vier Wochen zieht der Pächter mit den jungen Damen aus, sodass auch die Herren mit den grauen Schläfen ausbleiben.

Immer wieder kommt es vor, dass Gewerberäume zweckwidrig als Wohnraum genutzt werden. Damit werden diese jedoch nicht unter der Hand zu Wohneigentum, genauso wenig wie eine Wohnung durch gewerbliche Nutzung zu Teileigentum mutiert.

Ein Eigentümer kann die grundsätzliche Zweckbestimmung als Wohnung oder Teileigentum nicht einseitig abändern. Hierzu bedarf es der Zustimmung aller übrigen Miteigentümer. Eine Änderung der Zweckbestimmung wird erst durch Eintragung in das Grundbuch wirksam.

Auch für den Teileigentümer gelten die gesetzlichen Vorschriften über das Wohnungseigentum. Teileigentum besteht ebenso aus dem Miteigentum am Gemeinschaftseigentum, dem Sondereigentum sowie dem Recht, in der Eigentümergemeinschaft als Mitglied mitzubestimmen.

> Zweckbestimmung

Gemeinschaftseigentum

Das Wohnungseigentumsgesetz (WEG) spricht eine klare Sprache: „Gemeinschaftliches Eigentum im Sinne dieses Gesetzes sind das Grundstück sowie die Teile, Anlagen und Einrichtungen des Gebäudes, die nicht im Sondereigentum oder im Eigentum Dritter stehen". Alle Räume, die nicht ausdrücklich (in der Teilungserklärung und im Aufteilungsplan) als Sondereigentum ausgewiesen sind, gehören daher automatisch zum Gemeinschaftseigentum.

> Alles, was nicht Sondereigentum ist

Das Gesetz benennt weitere Bereiche, die zum Gemeinschaftseigentum gehören: „Teile des Gebäudes, die für dessen Bestand oder Sicherheit erforderlich sind, sowie Anlagen und Einrichtungen, die dem gemeinschaftlichen Gebrauch der Wohnungseigentümer dienen, sind nicht Gegenstand des Sondereigentums, selbst wenn sie sich im Bereich der im Sondereigentum stehenden Räume befinden."

Aus der Kombination der gesetzlichen Vorschriften ergibt sich für einige Teile des Gebäudes die offensichtliche Zuordnung zum Gemeinschaftseigentum:

- Aufzug
- Außenanlage mit Pflanzen (im Hof oder Garten, sofern nicht Sondereigentum), Fahrradständer, gepflasterte Wege

15

- Außenputz
- Außentüren
- Balkon (Boden und Geländer)
- Dach
- Fenster
- Flure
- Fundament
- Geschossdecken
- Grundstück
- Hauseingang
- Heizungsanlage (nicht jedoch eine Gasheizung in der Wohnung)
- Kamine
- Keller (Boden, Mauern, Decken)
- Leitungen (Versorgungsleitungen, Wasser- und Abwasserleitungen, Elektro- und Gasleitungen bis zur Wohnung)
- Mauern (alle Außenmauern und tragenden Innenmauern)
- Satellitenempfangsanlage der Gemeinschaft (nicht die Schüssel des Mieters auf seinem Balkon)
- Treppenhaus
- Zählereinrichtungen (Wasserzähler, Wärmeverbrauchsmesser)

Bestand und Sicherheit

Diese Aufzählung erhebt keinen Anspruch auf Vollständigkeit. Es hängt immer vom individuellen Gebäude ab, was für dessen Bestand und Sicherheit erforderlich ist und damit zwangsläufig zum Gemeinschaftseigentum zählt oder dem gemeinschaftlichen Gebrauch aller Eigentümer dient.

GUT ZU WISSEN

Rechte aus dem Gemeinschaftseigentum (§ 13 Abs. 2 WEG)

- Gebrauch des gemeinschaftlichen Eigentums nur begrenzt durch Gesetz, Vereinbarung, Beschlüsse und die Pflicht, das Interesse der Gesamtheit der Wohnungseigentümer so wenig wie möglich zu beeinträchtigen
- Anteilsmäßige Beteiligung (entsprechend seinem Miteigentumsanteil) an sonstigen Nutzungen (zum Beispiel am Erlös von verpachteten gemeinschaftlichen Flächen)
- Berechtigung, eigenständig Maßnahmen zu treffen zur Abwendung eines unmittelbar drohenden Schadens am Gemeinschaftseigentum

Pflichten aus dem Gemeinschaftseigentum (§§ 14, 16 WEG)

- Sorgsame Nutzung des gemeinschaftlichen Eigentums
- Pflicht, dafür zu sorgen, dass Dritte, denen der Wohnungseigentümer die Nutzung überlässt (z.B. Personen des Hausstandes, Besucher, Mitarbeiter, Kunden, Mieter und Pächter), ebenfalls sorgsam mit dem Gemeinschaftseigentum umgehen
- Tragung der laufenden Kosten der Instandhaltung und Instandsetzung, der Verwaltung und des Gebrauchs des gemeinschaftlichen Eigentums nach seinem Miteigentumsanteil

EXPERTENTIPP

Wenn Sie Zweifel haben, ob etwas zu Ihrem Sondereigentum oder zum Gemeinschaftseigentum zählt, sollten Sie auf Änderungen, Modernisierungen, Reparaturen oder anderweitige Aktionen verzichten, bis die Zuordnung geklärt ist. Eine Nachfrage beim Verwalter verschafft Ihnen die notwendige Sicherheit, bevor Sie Gemeinschaftseigentum verändern, beschädigen oder entfernen. Wenn Ihnen der Verwalter keine befriedigende Antwort geben kann und Sie auf Rechtssicherheit großen Wert legen, können Sie einem Fachanwalt für Miet- und Wohnungseigentumsrecht den Auftrag erteilen, die Zuordnung rechtlich zu prüfen. Beachten Sie: Bei unzulässigen Eingriffen in das Gemeinschaftseigentum kann die Gemeinschaft Rückbau oder Schadensersatz fordern!

Rechte in der Eigentümergemeinschaft

Ein Wohnungseigentümer wird durch den Erwerb einer Eigentumswohnung automatisch Mitglied in der Wohnungseigentümergemeinschaft. Er hat nun das Recht, in Zusammenarbeit mit den anderen Eigentümern über die Verwaltung des Gemeinschaftseigentums zu entscheiden. Typische Themen sind hierbei:

- Instandhaltung des Gebäudes: Modernisierung und Renovierung
- Bildung einer Instandhaltungsrücklage
- Hausordnung
- Aufteilung der Kosten auf die Eigentümer
- Entsorgung (Müllabfuhr, Entwässerung)
- Lösung von Konflikten, zum Beispiel im Zusammenhang mit nächtlicher Ruhestörung oder Hundekot
- Fahrradständer, Waschmaschine
- Heizungsanlage, Aufzug

Sondernutzungsrechte

Das Wohnungseigentumsgesetz kennt noch eine Möglichkeit, einzelnen Eigentümern eigentumsähnliche Rechte zuzuweisen. Diese Sondernutzungsrechte sind – wohl gemerkt – nur eigentumsähnlich, sie begründen im gesetzlichen Sinne kein wirkliches Eigentum. Ein Teil des Gemeinschaftseigentums kann einem einzelnen Miteigentümer in der Weise zugeordnet werden, dass er allein – unter Ausschluss aller anderen Miteigentümer – zur Nutzung berechtigt ist.

Stellplätze, Gartenflächen Dies geschieht häufig bei Stellplätzen in einer Tiefgarage, wenn die notwendige räumliche Abgrenzung, die für das Sondereigentum erforderlich ist, nicht geschaffen werden kann. Auch die Verbindung von Gartenflächen mit Erdgeschosswohnungen geschieht oft per Sondernutzungsrecht.

Gegenstand von Sondernutzungsrechten kann auch die Befugnis sein, bestimmte bauliche Eingriffe in das Gemeinschaftseigentum vorzunehmen (zum Beispiel Ausbau einer Dachterrasse), oder der Betrieb einer bestimmten Einrichtung (zum Beispiel einer Funkanlage). Häufig sorgt bereits der Bauträger bei Begründung der Wohnungseigentümergemeinschaft dafür, dass in der Teilungserklärung bestimmte Sondernutzungsrechte einzelnen Wohnungen eindeutig zugeordnet werden (zum Beispiel Stellplätze 1 bis 30 den Wohnungen 1 bis 30).

Mit der Teilungserklärung und dem Aufteilungsplan gelangen die Sondernutzungsrechte in das Grundbuch. Eine Änderung, Streichung oder Umwidmung ist dann nur noch mit der Zustimmung aller Wohnungseigentümer möglich. Nachträglich kann die Gemeinschaft einzelnen Eigentümern ebenfalls Sondernutzungsrechte einräumen. Dies bedarf jedoch der Zustimmung aller Wohnungseigentümer und ist damit nur mit hohem Aufwand realisierbar und entsprechend unwahrscheinlich.

Grundbuch

Wie das Wort Sondernutzungsrecht bereits zum Ausdruck bringt, handelt es sich bei diesem Recht nicht um einen Blankoscheck für jede beliebige Nutzung. Die Art der Nutzung wird jeweils konkret vorgeschrieben. Das Wohnungseigentumsgesetz kennt eine allgemeine – in das Belieben des Berechtigten gestellte – Erlaubnis zur Nutzung nicht. Wer an einem Teil des Gartens ein Sondernutzungsrecht hat, darf hier gärtnerische Aktivitäten wie die Pflanzung von Bäumen, Sträuchern und Blumen entfalten, das vielfach unvermeidliche Rasenmähen praktizieren, Gartenmöbel aufstellen und sich dürftig bekleidet in der Sonne räkeln. Bei sommerlichen Grillaktivitäten und Feiern bis tief in die Nacht wird die Sache schon kritisch, andere Eigentümer müssen dies nicht tagaus, tagein als Gartennutzung hinnehmen, sondern strenggenommen nur einmal im Jahr. Völlig unmöglich ist jedoch die Umwidmung des Gartens zum Stellplatz für Oldtimer, zum Hundezwinger oder zum Lagerplatz für Baumaterialien.

Art der Nutzung

Wer ein Sondernutzungsrecht innehat, darf es an Dritte weitergeben. Wenn das Sondernutzungsrecht im Grundbuch eingetragen ist, geht es beim Verkauf der Eigentumswohnung an den Nachfolger über.

Verpflichtung   Sehr häufig geht mit der Einräumung eines Sondernutzungsrechts auch die Verpflichtung einher, die Pflege und Unterhaltung der jeweiligen Flächen oder Räume zu übernehmen. Es macht durchaus Sinn, bei Bestellung des Sondernutzungsrechts diesen Umstand nicht aus den Augen zu lassen, da es weder für die übrigen Wohnungseigentümer noch für einen neu in die Wohnungseigentümergemeinschaft eintretenden Käufer erfreulich ist, Kosten für Dinge tragen zu müssen, die er selbst nicht nutzen darf.

GUT ZU WISSEN

Sondernutzungsrechte berechtigen nur zu einer speziellen, namentlich genannten Nutzung („Garten", „Pkw-Stellplatz"). Sie können im Allgemeinen nur an einen Rechtsnachfolger übertragen werden, wenn sie im Grundbuch eingetragen sind. Beim Verkauf einer Eigentumswohnung gehen sie auf den Käufer über. Wer zur Sondernutzung berechtigt ist, kann sein Recht außerdem anderen Personen überlassen.

Bei der Gründung einer Wohnungseigentümergemeinschaft kann der Bauträger sogleich für einzelne Einheiten Sondernutzungsrechte in die Teilungserklärung aufnehmen. Danach können solche Rechte nur durch eine Vereinbarung oder einen schuldrechtlichen Vertrag eingeräumt werden. Eine derartige Vereinbarung oder ein solcher Vertrag ist nur möglich, wenn alle Wohnungseigentümer zustimmen.

Ein Sondernutzungsrecht beinhaltet im Allgemeinen nicht das Recht zu baulichen Änderungen – die Gemeinschaft kann jedoch einen Zaun oder ein Gartenhäuschen stillschweigend oder aktiv zustimmend dulden.

KAPITEL 2

Die Entstehung von Wohnungs-eigentum

Wohnungseigentum entsteht in mehreren Schritten. Es handelt sich dabei um einen komplizierten Vorgang, an dem kommunale Behörden, ein Notar und das Grundbuchamt beteiligt sind. Sorgfalt ist in diesem Zusammenhang von großer Bedeutung. Denn nachträglich lassen sich Änderungen nur mit großen Schwierigkeiten oder überhaupt nicht mehr realisieren.

IN DIESEM KAPITEL ERFAHREN SIE,

- wie Wohnungseigentum entsteht und
- welche Schritte hierbei aufeinander folgen müssen.

Das Gesetz sieht bei der Schaffung einer Eigentumswohnanlage zwei Varianten vor.

Variante eins: Aufteilung eines Hauses durch die Miteigentümer

Bei dieser Variante teilen die Miteigentümer eines Grundstücks und eines Hauses das Gebäude auf, bauen mit Zwischenwänden abgeschlossene Wohnungen und räumen sich gegenseitig in einem notariellen Vertrag „Sondereigentum" ein. Durch die Eintragung im Grundbuch werden aus den Eigentümern, die jeweils einen Anteil am gesamten Haus hatten, Wohnungseigentümer, die einerseits über Sondereigentum (Wohneinheiten), andererseits über Gemeinschaftseigentum (in Tausendstel) verfügen. Sie bilden nun eine Wohnungseigentümergemeinschaft, und

Mehrere Miteigentümer

Erbengemein-schaft jeder Eigentümer kann über seine Wohneinheit nach Lust und Laune verfügen, sie zum Beispiel verkaufen, vermieten, als Ferienwohnung nutzen oder leer stehen lassen. Diese Variante, Wohnungseigentum zu begründen, wird nur relativ selten genutzt, zum Beispiel von einer Erbengemeinschaft, die eine große Villa geerbt hat.

Variante zwei: Bauträger oder Alleineigentümer schafft Wohnungseigentum

Wesentlich häufiger kommt es vor, dass ein Bauträger ein Grundstück teilt und eine Wohnungseigentümergemeinschaft begründet. Meist läuft das so ab: Ein Bauträger kauft ein Grundstück – mit oder ohne Gebäude. Der weitere Vorgang laut Wohnungseigentumsgesetz: Der Eigentümer kann durch Erklärung gegenüber dem Grundbuchamt das Eigentum an dem Grundstück in Miteigentumsanteile teilen. Mit jedem Anteil entsteht Sondereigentum an einer bestimmten Wohnung oder an nicht zu Wohnzwecken dienenden Räumen, beispielsweise einem Laden, einer Werkstatt oder einem Lagerraum (§ 8 WEG).

Neubau Schon vor der Errichtung eines Gebäudes kann ein Bauträger als Alleineigentümer Wohnungseigentum begründen. Er erstellt in diesem Fall einen Aufteilungsplan, eine Teilungserklärung und eine Gemeinschaftsordnung. Nach notarieller Beurkundung und Eintragung im Grundbuch ist das Wohnungseigentum gebildet. Meist beginnt der Bauträger frühzeitig mit dem Verkauf der Wohneinheiten, um die Grundstücks- und Baukosten möglichst bald wieder zu erwirtschaften und seine Finanzierungskosten niedrig zu halten.

In der Regel bestimmt der Bauträger bereits in der Teilungserklärung den ersten – ihm genehmen – Verwalter. Meist wählt er einen Verwalter, den er bereits kennt und für fähig hält. Manchmal kommt es vor, dass der Bauträger sich berufen fühlt, sich selbst als Verwalter einer neuen Eigentumswohnanlage zu bestellen. Auch sonst hat der Bauträger anfangs viele Möglichkeiten, die

Teilungserklärung und die Gemeinschaftsordnung – im Rahmen der gesetzlichen Vorschriften – nach seinen Vorstellungen und Wünschen zu gestalten.

Ein Alleineigentümer eines Mehrfamilienhauses (zum Beispiel einer seit Jahrzehnten bestehenden Mietskaserne) kann dieses ebenfalls in Wohneigentum verwandeln. In diesem Fall muss sich der Alleineigentümer zuerst einmal eine Bescheinigung der Abgeschlossenheit (der als künftiges Sondereigentum geplanten Wohnungen) beschaffen. Sobald die Kommune die Abgeschlossenheit erklärt hat, läuft der Vorgang wie zuvor bei neuen Wohnanlagen beschrieben: Der Alleineigentümer muss eine Teilungserklärung, einen Aufteilungsplan und eine Gemeinschaftsordnung zu Papier bringen, zum Notar gehen und das Wohnungseigentum mit den einzelnen Einheiten im Grundbuch eintragen lassen. Sobald dieser Vorgang abgeschlossen ist, kann der Alleineigentümer mit dem Verkauf der einzelnen Wohnungen beginnen.

Altbau

EXPERTENTIPP

Seien Sie vorsichtig beim Kauf einer Eigentumswohnung in einer sehr kleinen, vom Alteigentümer selbst geteilten und zum Teil noch selbst bewohnten Wohnanlage. Kleine, überschaubare Anlagen mit wenigen Wohneinheiten gelten zwar als wertvoller als große anonyme Wohnblöcke. Doch sehr häufig betrachtet sich der Alteigentümer, der möglicherweise aus finanziellen Nöten aufgeteilt und verkauft hat, weiterhin als Alleinherrscher über das gesamte Gebäude. Häufig setzt sich dieser Eigentümer noch vor dem Verkauf einzelner Einheiten als Verwalter ein. Er versucht dann, das Heft in der Hand zu behalten und eventuell mit anderen Eigentümern aus seiner Familie Beschlüsse gegen seine Person und Meinung zu unterbinden. Ein neuer Eigentümer hat es meist sehr schwer, sich gegen den Platzhirsch durchzusetzen.

Wenn Sie in einer kleinen, überschaubaren Wohnanlage Eigentümer werden wollen, weil Ihnen das Objekt und das Sondereigentum gefällt, sollten Sie immer großen Wert darauf legen, vor dem Kauf die anderen Eigentümer – und insbesondere den Möchtegern-Alleinherrscher – gut kennenzulernen. Bedenken Sie auch: Bei sehr kleinen Einheiten ist es in der Regel schwer, einen externen professionellen Verwalter zu finden. Es lohnt sich für Verwalter kaum, für drei Einheiten die umfangreichen Verwaltungsaufgaben zu übernehmen.

Lukrative Umwandlungen

Seit den 70er-Jahren des vergangenen Jahrhunderts wurden zahlreiche Mietshäuser in Eigentumswohnungsanlagen umgewandelt. Die Begründung von Wohneigentum hat sich seither zu einem überaus lukrativen Geschäft für Bauträger entwickelt.

Alte Probleme

Wer ein altes Haus kauft, es aufteilt, saniert und renoviert und den Speicher zu neuen Wohnungen ausbaut, konnte und kann ein Vermögen machen. Und je billiger die Sanierung ist, desto höher ist auch der Gewinn des Bauträgers. Doch häufig müssen die neuen Wohnungseigentümer die Zeche bezahlen und sich sowohl mit Mängeln des Altbestands (mangelhafte Elektro- und Sanitärinstallationen, fehlende Wärmedämmung, feuchte Keller, marode Dächer) als auch mit gravierenden, von Schwarzarbeitern und Billigfirmen erzeugten Baumängeln („Kaputtsanierung") herumschlagen.

Neue Baumängel

Nachträgliche Reparaturen und die Beseitigung von Baumängeln aus der Zeit der Aufteilung des Gebäudes sind in manchen Häusern nur mit hohen Sonderumlagen zu finanzieren, die alle Wohnungseigentümer belasten. Aus diesem Grund ist es von großer Bedeutung für potenzielle Wohnungseigentümer, sich mit der Aufteilung, der Sanierung, dem aktuellen Bauzustand und notwendigen Sanierungen in der Zukunft intensiv zu beschäftigen. Wer eine Eigentumswohnung in einem Haus mit Renovierungsstau kauft, muss mit erheblichen Nachfolgekosten rechnen.

Renovierungsstau

KAPITEL 3

Wichtige Informationsquellen

Die Gefahr, die falsche Wohnung im falschen Objekt zu kaufen, ist sehr groß. Versteckte Mängel sind oft nicht einmal für Bauingenieure und Architekten erkennbar. Dennoch können Sie sich durch das intensive Studium diverser Unterlagen ein genaues Bild von dem Sonder- und Gemeinschaftseigentum verschaffen, das Sie erwerben wollen. Und je besser Sie informiert sind, desto besser können Sie mit dem Verkäufer einer Eigentumswohnung verhandeln und mit stichhaltigen Argumenten den Kaufpreis drücken.

IN DIESEM KAPITEL ERFAHREN SIE,

- wie Sie sich umfassend über Eigentumswohnungen und Wohnanlagen informieren und
- was Sie „zwischen den Zeilen" lesen können.

Wie vor jedem Kauf ist es für den potenziellen Erwerber einer Wohnung außerordentlich wichtig, sich über den Kaufgegenstand umfassend zu informieren. Eine Eigentumswohnung ist oft die größte und bedeutsamste Anschaffung im Leben eines normalsterblichen Bürgers. Umso wichtiger ist es, nicht nur die positiven Eigenschaften und Vorteile eines Objekts kennenzulernen, sondern auch die Mängel und Macken, Konflikte und Prozesse, Auseinandersetzungen und Streitigkeiten, die damit in Zusammenhang stehen.

Anzeigen und Prospekte

Erste Informationen über eine Eigentumswohnanlage und eine Wohnung bieten in der Regel Anzeigen in Zeitungen, Aushänge von Banken und Maklerbüros, Prospekte und Exposés eines beauftragten Maklers oder eines Bauträgers sowie vor allem Internetseiten, die überwiegend von Maklern und Bauträgern stammen (zum Beispiel www.immowelt.de, www.immoscout.de, www.ebay.de, www.planethome.de).

Prospekt-haftung

Die reißerischen Werbebotschaften vieler Vertriebsbüros, Makler oder auch Vertriebsmannschaften von Bauträgern sind meist das Papier nicht wert, auf dem sie gedruckt sind. Dennoch sollte man Prospektmaterial sammeln und aufbewahren. Alles, was im Zuge der Verkaufsbemühungen über das Kaufobjekt behauptet wurde, kann später vor Gericht Geld oder Gold wert sein – dank der Prospekthaftung, die auch bei Bauträgermodellen Anwendung findet. Falsche Angaben in Prospekten – insbesondere Angaben über die Größe von Wohnflächen in Quadratmetern – bilden später eine gute Basis für außergerichtliche Vergleichsverhandlungen mit dem Bauträger sowie Klagen vor Gericht.

Klagen

Auch dann, wenn die Pläne, die einem Kaufinteressenten ausgehändigt wurden, nicht mit dem tatsächlichen Bauzustand übereinstimmen, hat der Käufer sehr gute Karten in der Hand und kann den Bauträger nach dem Kauf entweder auf Korrektur des Bauwerks oder auf Schadensersatz verklagen. Voraussetzung hierfür ist jedoch immer, dass die falschen Anzeigen, Pläne und Prospekte im Original vorliegen und als Beweise vor Gericht verwendet werden können.

Informelle Informationen

Neben dem Kontakt zum Verkäufer (Bauträger, Wohnungseigentümer, Makler) sollte man sich im Zuge der Besichtigung von Objekten auch mit Menschen unterhalten, die zu einem Haus informelle Auskünfte erteilen können. Eigentümer und Mieter können einem Kaufinteressenten verraten, ob es Renovierungsstau gibt, ob die Aufzüge funktionieren, ob sich der Eigentümer, Vermieter und Wohnungsverkäufer korrekt verhält, ob die Abrechnungen stimmen, ob es im Haus Streit gibt und vieles mehr.

Teilungserklärung

Die Teilungserklärung ist neben der Gemeinschaftsordnung die wichtigste Grundlage zur Identifikation des Sondereigentums und des Miteigentumsanteils, der damit verbunden ist. Sie wird vor dem Verkauf einzelner Wohnungen im Grundbuch eingetragen und ist damit unangreifbare Basis der Eigentümergemeinschaft.

Änderungen der Teilungserklärung sind nur mit Zustimmung aller Eigentümer zu erreichen. Stellt sich nur ein einziger Eigentümer quer – und Querulanten gibt es überall –, dann ist jede Bemühung um Änderung zum Scheitern verurteilt – auch wenn vorher alle Eigentümer versichert haben, dass sie zum Notar gehen und einer sorgfältig vorbereiteten Änderung zustimmen werden. Mögliche Fälle sind zum Beispiel, dass Sie mit einem Miteigentümer die Kellerräume getauscht haben und möchten, dass der Tausch auch dann noch verbindlich bleibt, wenn Ihr Tauschpartner seine Wohnung verkauft; oder Sie möchten für ein Ihnen seit langem unbeanstandet genutztes und gepflegtes Gartenstück das grundbuchliche Sondernutzungsrecht.

Quadratmeter und Tausendstel

In der Regel entsprechen die in der Teilungserklärung genannten Tausendstel Miteigentumsanteil proportional der Anzahl der Quadratmeter in einer Wohnung. Dafür gibt es jedoch keinerlei Garantie. Der Notar und das Amtsgericht achten nur darauf, dass bei Addition aller Miteigentumsanteile 1000 Tausendstel – für ein komplettes Haus – herauskommen.

EXPERTENTIPP

Jeder Kaufinteressent ist gut beraten, die Teilungserklärung gründlich zu studieren, um überhaupt zu wissen, was er als Sondereigentum erwirbt. Es kommt immer wieder vor, dass eine schlampig erstellte Teilungserklärung Kellerabteile und Sondernutzungsrechte an Garage und Garten nicht ausweist, obwohl in den Verkaufsgesprächen davon die Rede war.

Abgeschlos-
senheit

Im Zuge der Aufteilung von Häusern interessiert es weder den Bauträger noch die Kommune (bei der Ausstellung der „Abgeschlossenheitsbescheinigung") noch den Notar oder das Amtsgericht (Grundbuchamt), ob die Miteigentumsanteile (Tausendstel) den Wohnungen korrekt proportional nach der Größe (Quadratmeterzahl) zugewiesen sind. Der Gesetzgeber fordert lediglich die „Abgeschlossenheit", nicht jedoch, dass die Größe der Wohnung und der Miteigentumsanteil einander entsprechen. Da die Miteigentumsanteile häufig die Grundlage für die Abrechnung der Gemeinschaftskosten bilden, ist es jedoch von großem Vorteil, wenn Quadratmeterzahl und Tausendstel einer Wohnung übereinstimmen.

Wenn eine 100-Quadratmeter-Wohnung in einem Haus mit 1000 Quadratmetern Wohnfläche mit 100 Tausendsteln Miteigentumsanteil verbunden ist, ist das korrekt. Wäre dagegen eine 100-Quadratmeter-Wohnung mit einem Miteigentumsanteil von 900 Tausendsteln verbunden, könnte dies den Wohnungseigentümer nicht wirklich freuen, auch wenn ihm so fast das ganze Haus „gehören" würde. Denn solange die Eigentümer nichts anderes beschließen, wird er hinsichtlich der Kosten immer entsprechend seinem Miteigentumsanteil zur Kasse gebeten werden. Mit anderen Worten: Der Unglücksrabe mit den vielen Miteigentumsanteilen spendiert den anderen Eigentümern laufend eine Menge Geld. Er muss auch damit rechnen, dass kein vernünftiger Käufer seine Geldvernichtungsmaschine namens „Eigentumswohnung" kauft.

Eine genaue rechnerische Überprüfung, ob Quadratmeter und Tausendstel einander entsprechen, ist für einen Erwerber oft nicht möglich. Aufteilungspläne sind häufig nicht korrekt, und die Quadratmeterzahl von Dachgeschosswohnungen lässt sich aufgrund der Dachschrägen über Pläne allein nicht genau ermitteln.

Einsicht in Teilungserklärung

Die Teilungserklärung ist für Kaufinteressenten, Erben und Beschenkte in der Regel einsehbar und in Kopie erhältlich beim

- Grundbuchamt,
- Wohnungsverkäufer oder Schenker,
- Erblasser (Unterlagen im Nachlass),Hausverwalter oder
- Bauträger, der die Wohnungen veräußert.

BEISPIEL

Ein Architekt kauft zu einem günstigen Preis vom Bauträger in einem Altbau von 1903 einen 60 Quadratmeter großen Keller, dessen Gewölbe ihm sehr gut gefällt. Er entrümpelt die Räume, dichtet sie gegen Feuchtigkeit ab, legt Fliesen und baut großzügige Fenster ein. Das Resultat ist absolut sehenswert, wenngleich auch nicht vergleichbar mit dem berühmten Auerbach Keller in Leipzig.

Da der Architekt auf dem Land wohnt und arbeitet, nutzt er sein Gewölbe in der Stadt nur sehr selten. Doch nach den ersten Jahren als Eigentümer verfliegt die Freude daran. Die Ursache: astronomische Hausgeldabrechnungen trotz seltener Nutzung! Eine Überprüfung der Quadratmeterzahl bringt ans düstere Kellerlicht, dass das Kellergewölbe bei korrekter Vermessung lediglich 48 Quadratmeter aufweist, jedoch mit einer überproportional hohen Anzahl an Miteigentumsanteilen verbunden ist. Der Blick in die Teilungserklärung zeigt weiterhin, dass dieses „Sondereigentum" über kein Kellerabteil verfügt.

Der Architekt ist aufgebracht, entzieht dem Verwalter die Einzugsermächtigung zur Zahlung der monatlichen Hausgelder und droht mit dem Anwalt. Am Ende hat der Mann großes Glück, dass die Eigentümergemeinschaft sämtliche Wohnungen neu vermessen lässt und dafür sorgt, dass Quadratmeterzahlen und Miteigentumsanteile aller Einheiten durch Änderung der Teilungserklärung neu festgelegt werden. Auch ein eigenes Kellerabteil wird für das Gewölbe geschaffen. Zwar bemängelt der Architekt, dass das von der Gemeinschaft angebotene kleine freie Eck im Gemeinschaftseigentum sich als Kellerabteil kaum lohne, doch bevor er nichts bekommt, nimmt er es. Es dauert Jahre, bis auch der letzte Eigentümer beim Notar seine Unterschrift leistet, doch dann ist die Änderung der Teilungserklärung beschlossene Sache. Die Hausgeldbelastung des Gewölbekellers sinkt nach dieser Änderung deutlich.

Gemeinschaftsordnung

Während die Teilungserklärung die eigentumsrechtlichen Beziehungen unter den Miteigentümern festlegt, regelt die Gemeinschaftsordnung die sonstigen Rechte innerhalb der Wohnungseigentümergemeinschaft.

Grundbucheintragung

Auch die Gemeinschaftsordnung wird im Grundbuch eingetragen. Sie ist in der Regel mit der Teilungserklärung verbunden. Ein Wohnungsverkäufer kann einem Kaufinteressenten eine Kopie überlassen.

Angesichts der Vielzahl der möglichen Regelungen versteht es sich von selbst, dass die Gemeinschaftsordnung den Kern des Zusammenlebens der Wohnungseigentümer bildet und jeder Eigentümer wie auch potenzieller Erwerber sich dieses Dokument sehr genau ansehen sollte.

Mögliche Regelungen einer Gemeinschaftsordnung sind:

- Veräußerungsbeschränkungen

- Verteilungsschlüssel hinsichtlich der Kosten

- Nutzungsbeschränkungen

- Vertretungsregelungen (für die Wohnungseigentümerversammlung)

- Sondernutzungsrechte

- Festlegung der Höhe der Instandhaltungsrücklage

- Bestimmung des ersten Verwalters

Sittenwidrige Regelungen

Weitergehende Regelungen sind möglich, eine Grenze setzen nur das Gesetz und eine mögliche Sittenwidrigkeit, dazu existiert bereits eine umfangreiche Rechtsprechung. Die folgende Checkliste bietet einen Überblick über Regelungen, die nicht Inhalt der Gemeinschaftsordnung sein können.

CHECKLISTE

Verbotene Regelungen in der Gemeinschaftsordnung

– Regelungen in Bezug auf die Unauflöslichkeit der Gemeinschaft (§ 11 Abs. 1 WEG)
– Regelungen, die die Zustimmung zur Veräußerung stärker einschränken als nur durch wichtigen Grund (§ 12 Abs. 2 WEG)
– Regelungen zur Entziehung des Wohnungseigentums (§ 18 Abs. 4 WEG)
– Regelungen, nach denen ein Verwalter länger als für fünf Jahre bestimmt werden kann (§ 26 Abs. 1 WEG)
– Regelungen, die die Abberufung eines Verwalters über einen wichtigen Grund hinaus beschränken (§ 26 Abs. 1 WEG)
– Regelungen, die die Befugnisse und Aufgaben des Verwalters gemäß § 27 Abs. 1 bis 3 WEG beschränken
– Regelungen, die vorsehen, dass kein Verwalter bestellt wird
– Regelungen, die vorsehen, dass keine Abrechnung erstellt wird

EXPERTENTIPP

Wenn Sie als Erwerber oder Eigentümer eine bestimmte Regelung in der Gemeinschaftsordnung zu Fall bringen wollen, weil sie für Sie nachteilig ist, können Sie anhand der oben abgedruckten Checkliste prüfen, ob realistische Chancen bestehen, eine Änderung zu erwirken. Ein Fachanwalt für Wohnungseigentumsrecht kann Ihnen bei unzulässigen Regelungen helfen, eine Änderung der Gemeinschaftsordnung durchzusetzen.

Aufteilungsplan

Der Aufteilungsplan besteht in der Regel aus Bauzeichnungen im Maßstab 1:100. In der Regel wird jedes Stockwerk – vom Keller bis zum Dachgeschoss – in einem eigenen Plan dargestellt. Bei großen Objekten können pro Stockwerk auch mehrere Pläne erstellt werden.

Der Aufteilungsplan stellt den Inhalt der Teilungserklärung in Form von Grundrissen dar. Die Lage und die Aufteilung der

Zahlen und Zuordnung

Wohnungen, die zugehörigen Nebenräume und Sondernutzungsrechte sind über Zahlen von 1 bis x eindeutig zugeordnet. Zum Sondereigentum 13 in der Teilungserklärung gehört daher der Grundriss der Wohnung 13 im Aufteilungsplan sowie das Kellerabteil 13, das Speicherabteil 13 und der Garten Nr. 13. Damit es hinsichtlich der Zuordnung keine Zweifel gibt, wird die jeweilige Zahl im Gegensatz zu anderen Zahlen (Quadratmeterangaben) in den Plänen mit einem Kreis rings um die Zahl deutlich gekennzeichnet.

Die Baubehörde der Kommune kontrolliert und bestätigt den Aufteilungsplan. Doch auch Aufteilungspläne können von der Realität abweichen. So kann anstelle des ausgebauten Dachgeschosses noch der Zustand des ehemaligen Speichers eingezeichnet sein.

Der Aufteilungsplan findet sich ebenso im Grundbuch, er kann auch beim Verwalter eingesehen werden. Die Eigentümer verfügen oft nur über einen Auszug (Grundriss ihres Sondereigentums).

Beschlusssammlung

Gemäß § 24 WEG hat der Verwalter oder, wenn dieser fehlt, der Vorsitzende der Wohnungseigentümerversammlung eine Beschlusssammlung zu führen. Die Beschlusssammlung enthält:

- verkündete Beschlüsse inklusive Ort und Datum der Versammlung;

- schriftliche Beschlüsse mit Ort und Datum der Verkündung;

- Urteilsformeln der gerichtlichen Entscheidungen, die Streitigkeiten über Beschlüsse, mit Verwaltern, zwischen Wohnungseigentümern und Dritten betreffen (§ 43 WEG); anzugeben sind das Datum, das Gericht und die beteiligten Parteien;

- auch angefochtene oder aufgehobene Beschlüsse sind einzutragen.

Aufgehobene Beschlüsse können allerdings genauso gelöscht werden wie bedeutungslose (das sind unter anderem Beschlüsse, die bereits abgelaufen oder aufgrund neuer Beschlüsse überholt sind). Alle Eintragungen, auch die Löschungen, sind mit Datum zu versehen und fortlaufend zu nummerieren. Bereits angefochtene Beschlüsse sind entsprechend zu kennzeichnen.

Die Beschlusssammlung gibt immer Aufschluss über die „Streitbarkeit" der Gemeinschaft sowie über Beschlüsse mit langfristiger Bedeutung (zum Beispiel Art und Umfang bereits ausgeführter und anstehender Sanierungen). Die Kenntnis der Beschlusssammlung ist daher von großer Bedeutung. Als Interessent und Erwerber sollten Sie sich Einblick in die Beschlusssammlung verschaffen. Auch wenn Sie bereits Eigentümer sind, können Sie bei Unsicherheiten über den Inhalt und die Reichweite älterer Beschlüsse die Beschlusssammlung zu Rate ziehen.

EXPERTENTIPP

Ein Erwerber kann durch das Studium der Beschlusssammlung erkennen, ob die Eigentümergemeinschaft zerstritten ist oder nicht. Viele Gerichtsverfahren und viele angefochtene oder aufgehobene Beschlüsse lassen darauf schließen, dass entweder die Verwaltung unzureichend arbeitet oder die Miteigentümer heillos zerstritten sind oder beides der Fall ist. Jeder Kaufinteressent sollte sich gut überlegen, ob er sich wirklich in eine Streitgemeinschaft einkaufen will.

Die Beschlusssammlung befindet sich beim Verwalter. Das Recht zur Einsichtnahme hat jeder Eigentümer. Ein Eigentümer kann auch einen Dritten ermächtigen, Einsicht zu verlangen. Ein potenzieller Erwerber sollte sich daher vom Verkäufer entweder eine Kopie der Beschlusssammlung geben lassen oder eine Ermächtigung verlangen, um selbst Einsicht zu nehmen. Wer in einer Zwangsversteigerung eine Wohnung erwerben will, sollte versuchen, mit einem der Eigentümer in Kontakt zu treten, um in die Beschlusssammlung Einblick nehmen zu können. Der Verwalter selbst darf ohne Ermächtigung durch einen Eigentümer einem Dritten keinen Einblick gewähren.

Zwangsversteigerung

Die Teilungserklärung, die Gemeinschaftsordnung und der Aufteilungsplan liefern sehr viele Informationen über eine Immobilie. Einen Überblick, welche Fragen diese Instrumente beantworten bzw. welche Fragen Sie sich bei der Einsicht in diese Dokumente stellen sollten, bietet die folgende Checkliste:

CHECKLISTE

Teilungserklärung/Gemeinschaftsordnung/Aufteilungsplan

- Gibt es Differenzen zwischen Teilungserklärung und Aufteilungsplan?
- Ist die Miteigentumsquote richtig berechnet?
- Welche Nutzung ist für das Teileigentum vorgesehen (gewerblich, nur als Wohnraum)?
- Gibt es Sondernutzungsrechte?
- Wann muss der Verwalter zustimmen?
- Wie ist das Stimmrecht geregelt?
- Wen darf ich in die Eigentümerversammlung als Vertreter schicken?
- Welchen Regeln folgt der Kostenverteilungsschlüssel (sind diese gerecht und nachvollziehbar)?
- Gibt es Veräußerungsbeschränkungen?
- Gibt es eine Hausordnung und was regelt diese?
- Gibt es Gebrauchseinschränkungen (zum Beispiel Verbot von Tierhaltung)?
- Existiert ein Stellplatz- oder Garageneigentum?
- Gibt es Regeln über bauliche Veränderungen (Einschränkungen oder zukünftige Verpflichtungen)?
- Gibt es vom Üblichen abweichende Instandhaltungsregeln und Kostentragungspflichten?
- Gibt es unklare oder unverständliche Regelungen?

Wirtschaftsplan und Hausgeldabrechnung

Die finanzielle Grundlage der laufenden Arbeit des Verwalters bildet ein Wirtschaftsplan, der von der Eigentümerversammlung vor Beginn des Wirtschaftsjahres beschlossen wird. Auf Basis dieses Plans kann der Hausverwalter monatlich von den Eigentümern Hausgeld-Vorauszahlungen erheben.

Ohne einen beschlossenen Wirtschaftsplan kann ein Verwalter keine Hausgeld-Vorauszahlungen fordern. Ein Eigentümer kann daher entsprechende Forderungen des Verwalters ablehnen, sofern es keinen beschlossenen Wirtschaftsplan für das aktuelle Wirtschaftsjahr gibt.

Vorauszahlung

Die tatsächlichen Kosten pro Jahr, die ein Eigentümer zu tragen hat, ergeben sich erst aus der Jahresgesamt- und Einzelabrechnung der angefallenen Kosten, die ebenfalls von der Wohnungseigentümergemeinschaft nach Vorlage durch den Verwalter und Prüfung durch den Verwaltungsbeirat – soweit vorhanden – beschlossen werden müssen. Durch Beschluss (Mehrheitsbeschluss) werden die Jahresgesamt- und Einzelabrechnung abgesegnet oder verworfen. Die tatsächlichen Kosten können den Wirtschaftsplan über- oder unterschreiten. Nachzahlungen kommen ebenso vor wie Rückzahlungen.

Nach- oder Rückzahlungen

Die Entlastung des Verwalters findet meist nach dem Beschluss der Abrechnung statt. Sie bezieht sich jedoch nicht nur auf die korrekte Abwicklung der finanziellen Angelegenheiten, sondern auch auf die Erledigung der Aufträge (Umsetzung der Beschlüsse der Eigentümerversammlung).

Sowohl aus dem Wirtschaftsplan, der auf Erfahrungen aus früheren Jahren und Prognosen für die Zukunft (allgemeine und angekündigte Preissteigerungen) beruht, als auch aus der Jahresgesamt- und Einzelabrechnung kann man sich ein Bild von der Kostenstruktur der Wohnungseigentümergemeinschaft machen. Folgende Informationen lassen sich daraus gewinnen:

35

**Voraus-
zahlungen**

- Monatlich zu zahlende Hausgeld-Vorauszahlungen pro Eigentümer und Einheit: Der aktuelle Wirtschaftsplan weist die monatlich fälligen Vorauszahlungen aus. Ein Kaufinteressent kann sich jedoch nicht darauf verlassen, dass die Beträge in den kommenden Jahren gleich bleiben oder nur moderat steigen (obwohl dies wahrscheinlich ist).

**Instand-
haltung**

- Höhe der Instandhaltungsrücklage: Eine geringe Rücklage in Verbindung mit einem betagten Haus oder gar Renovierungsstau birgt die Gefahr, dass aufwändige Sanierungen und Reparaturen durch Sonderumlagen auf alle Wohnungseigentümer finanziert werden müssen. Das heißt, dass jeder Eigentümer zusätzlich zum Hausgeld mit mehr oder weniger hohen Zahlungen belastet wird. Eigentümer, die keine finanziellen Mittel in der Hinterhand haben, müssen damit rechnen, dass hohe oder häufige Sonderumlagen sie zum Verkauf ihrer Wohnung zwingen.

Heizkosten

- Höhe der Heizkosten: Insbesondere bei Altbauten kann der Erwerber erkennen, wie hoch die Belastungen aufgrund fehlender oder unmöglicher energetischer Sanierungen sind. Bei bereits gedämmten Häusern und mit modernen Heizungsanlagen und solarthermischen Kollektoren ausgestatteten Objekten zeigen die Heizkosten, ob die versprochenen Vorteile der Investition – geringe Kosten – tatsächlich erzielt wurden.

Gerichtskosten

- Kosten für Gerichtsverfahren: Hohe Gerichtskosten lassen darauf schließen, dass die Wohnungseigentümergemeinschaft vor Gericht unterlegen ist. Eher geringe Gerichtskosten deuten auf ein laufendes Gerichtsverfahren hin, für das Vorschüsse zu zahlen waren. Manchmal zeigen Zahlungseingänge auch, dass eine Eigentümergemeinschaft einen Prozess gewonnen hat.

**Hausgeld-
Rückstände**

- Rückstände von Hausgeldern: Viele rückständige Hausgelder führen letztlich dazu, dass die Finanzierung der laufenden Kosten nicht mehr möglich ist. Sie deuten auf Insolvenz eines oder mehrerer Eigentümer oder auf mangelnde Aktivitäten des Hausverwalters hin, der gehalten ist, Monat für Monat die Hausgeld-Vorauszahlungen einzutreiben.

- Sonderumlagen: Soweit aus den Abrechnungen der letzten Jahre erkennbar ist, dass regelmäßig Sonderumlagen zu zahlen waren, ist daraus zu folgern, dass entweder Renovierungen angefallen sind, die durch Rücklagen nicht gedeckt waren, oder, wenn das Rücklagenkonto noch gut gefüllt ist, dass ausgefallene Hausgeldzahlungen durch Sonderumlagen von allen Eigentümern kompensiert werden mussten. Ein Kaufinteressent sollte sehr vorsichtig sein, wenn derartige Vorgänge gehäuft aufgetreten sind.

Sonder-umlagen

- Art der umlegbaren Kosten: Das Hausgeld belastet den Wohnungseigentümer monatlich. Nicht alle Kosten lassen sich bei einer Vermietung auf den Mieter umlegen. Der Mieter muss für die laufenden Kosten wie Heizung, Hausmeister, Müllabfuhr und Aufzug anteilig aufkommen, er ist jedoch nicht zuständig für die Instandhaltung und Reparaturen, an diesen Kosten kann er daher nicht beteiligt werden.Professionelle Abrechnungen weisen auf den Mieter umlegbare und nicht umlegbare (nur vom Wohnungseigentümer zu tragende) Kosten aus. Die nicht umlegbaren Kosten mindern den Mietertrag, der dem Vermieter unterm Strich bleibt. Bei hohen Instandhaltungskosten und insbesondere bei Sonderumlagen kann es sein, dass der Vermieter deutlich mehr Geld zahlen muss, als er als Miete ein-nimmt.

Hausgeld und Miete

Die Hausgeldabrechnung muss eine geordnete Aufstellung aller (!) Einnahmen und aller (!) Ausgaben des Wirtschaftsjahres enthalten. Die Abrechnung muss – ohne Erklärung und Erläuterung durch einen Finanzexperten – verständlich sein. Sollbeträge, also Forderungen, die noch ausstehen, sind nicht aufzunehmen. Auch ungerechtfertigte Ausgaben, etwa wenn der Verwalter auf Kosten der Gemeinschaft in die Karibik geflogen ist, um dort mit anderen Verwaltern den Gedankenaustausch zu pflegen, sind aufzunehmen, wenn die Kosten vom Konto der Gemeinschaft abgebucht wurden. Eine solche ungerechtfertigte Ausgabe kann allerdings einen wichtigen Abberufungsgrund darstellen (siehe dazu Kapitel „Aufgaben des Verwalters, seine Bestellung und Abberufung").

Verständlich-keit

Auch Ausgaben, die Leistungen betreffen, die nicht mit dem Wirtschaftsjahr der Wohnungseigentümergemeinschaft übereinstimmen, müssen in gezahlter Höhe aufgenommen werden. So sind die Nachforderungen und Rückzahlungen zum vergangenen Wirtschaftsjahr in die aktuelle Abrechnung aufzunehmen. Bei der Abrechnung der Heizkosten muss die Heizkostenverordnung berücksichtigt werden.

GUT ZU WISSEN

Häufig liegt ein Beschluss der Wohnungseigentümergemeinschaft vor, nach dem bei Verzug der Hausgeldzahlung für zwei Monate das gesamte Hausgeld für das laufende Jahr fällig wird. Möglich sind auch Regelungen, die es dem Verwalter erlauben, Mahnschreiben auf Kosten des säumigen Eigentümers abzurechnen. Es liegt daher im Interesse eines jeden Eigentümers, die Vorauszahlungen immer pünktlich zu leisten.
Es erleichtert die Verwaltung ungemein, wenn der Verwalter alle Hausgelder zur Fälligkeit per Lastschrift einziehen kann. Auch wer das Lastschrift-Verfahren nicht schätzt, sollte daher einem vertrauenswürdigen Verwalter diese Möglichkeit einräumen.

Jeder Wohnungseigentümer erhält vom Verwalter nach den entsprechenden Beschlüssen der Eigentümerversammlung nicht nur den Wirtschaftsplan zum aktuellen Wirtschaftsjahr, sondern auch die Gesamt- und Einzelabrechnung zum abgeschlossenen Jahr. Jeder Verkäufer einer Eigentumswohnung sollte daher über diese Unterlagen verfügen und sie einem Kaufinteressenten vorlegen können.

Bei der Durchsicht der Hausgeld-Abrechnung sowie des Wirtschaftsplans sollten Sie sich folgende Fragen stellen:

CHECKLISTE

Hausgeld-Abrechnung/Wirtschaftsplan

- Ist die Art der Darstellung übersichtlich und klar?
- Werden alle Einnahmen und Ausgaben aufgelistet? Sind der Anfangs- und der Endbestand des Hausgeldkontos (auch rechnerisch) korrekt?
- Sind der Anfangs- und Endbestand des Rücklagenkontos (auch rechnerisch) korrekt?
- Existieren Angaben über Zinserträge?
- Sind die verbrauchsabhängigen Kosten korrekt abgerechnet? Richtet sich der Umlageschlüssel nach der Teilungsordnung oder nach einem Beschluss?
- Sind die Kosten, die nur einzelne Wohnungseigentümer betreffen, korrekt verteilt?
- Sind Gerichts-/Rechtsberatungskosten korrekt verteilt? (Nach Kostenbeschluss des Gerichts oder Vorschrift der Gemeinschaftsordnung)
- Werden die gezahlten Hausgeld-Vorauszahlungen in der Einzelabrechnung korrekt abgerechnet?
- Existiert ein ordnungsgemäßer Beschluss über die Gesamt- und Einzelabrechnung?
- Existiert ein ordnungsgemäßer Beschluss über den Gesamt- und Einzelwirtschaftsplan?

Baulastverzeichnis

Eine Baulast ist eine öffentlich-rechtliche Auflage, die im sogenannten Baulastverzeichnis bei den örtlichen Baubehörden geführt wird und eingesehen werden kann. Baulasten gibt es in unterschiedlichsten Ausprägungen. Beispielsweise gibt es eingetragene Baulasten für

- ein Wegerecht zur Erschließung eines anderen Grundstücks (Erschließungsbaulast),

- Abstandsflächen zugunsten eines anderen Grundstücks (Abstandsflächenbaulast),

- Stellplätze eines anderen Grundstücks,

• die Vereinigung zweier Grundstücke zum Zweck einer bestimmten Bebauung (Vereinigungsbaulast).

Wertgutachten

✗ Je nach Ausprägung kann sich die Baulast wertbildend oder wertmindernd auswirken. Bei einem Wertgutachten ist sie daher regelmäßiger Bestandteil der Wertermittlung.

Das Vorhandensein von Baulastverzeichnissen richtet sich nach den Bestimmungen der unterschiedlichen Bundesländer, die Verzeichnisse werden bei den örtlichen Bauaufsichtsbehörden geführt. In Bayern und Brandenburg gibt es keine Baulastverzeichnisse, die entsprechenden Belastungen werden hier im Grundbuch eingetragen.

Hausordnung

Die Hausordnung gehört zur ordnungsgemäßen und interessengerechten Verwaltung der Wohnungseigentümergemeinschaft. Der einzelne Wohnungseigentümer hat einen einklagbaren Anspruch auf Erstellung einer Hausordnung, die den täglichen Umgang der Eigentümer und Mieter untereinander regelt.

Die Regeln müssen klar und nachvollziehbar sein, da ansonsten die Wohnungseigentümer einen sehr großen Ermessens- und Gestaltungsspielraum haben. Eine gerichtliche Überprüfung dieses Ermessens ist nur sehr eingeschränkt möglich.

Reinigung und Ruhe

Typischer Regelungsinhalt sind zum Beispiel Vorschriften, wie und wann Reinigungspflichten zu erfüllen sind, welche Ruhezeiten zu beachten sind und welche Tierhaltung erlaubt oder zu unterlassen ist. Eine Hausordnung kann aber auch Sanktionen beinhalten. Überwacht wird die Einhaltung der Hausordnung durch den Verwalter.

Die Gemeinschaftsordnung kann auch vorsehen, dass die Hausordnung durch den Verwalter aufgestellt wird. Die vom Verwalter aufgestellte Hausordnung kann durch Beschluss der Wohnungseigentümer oder auch durch eine gerichtliche Entscheidung abgeändert werden. In der Regel nimmt die Wohnungseigentümerversammlung eine Hausordnung mit Mehrheitsbeschluss an.

Jeder Hauseigentümer sollte über eine gültige Version der Hausordnung verfügen. Wenn die Eigentümer von diesem Papier nie etwas gehört und gesehen haben, muss man sich an den Verwalter wenden. Da sich in einer Hausordnung Bestimmungen finden können, die für oder gegen den Erwerb einer Eigentumswohnung sprechen, sollten Kaufinteressenten auf jeden Fall einen Blick in die Hausordnung werfen.

Verwaltervertrag

Aus dem Verwaltervertrag ist ersichtlich, wann die Wahl eines neuen Verwalters ansteht und welche Rechte der Verwalter – möglicherweise über die gesetzlich vorgesehenen hinaus – wahrnehmen darf. Auch die einzelnen Aufgaben des Verwalters und die hierdurch entstehenden Kosten können diesem Vertrag entnommen werden.

Der Verwaltervertrag wird in der Regel vom Verwaltungsbeirat nach einem entsprechenden Beschluss der Wohnungseigentümerversammlung unterzeichnet.

Jeder Eigentümer kann beim Verwalter eine Kopie anfordern, sofern er dieses Dokument in den eigenen Unterlagen nicht findet.

Grundbucheintrag

Bei einer Eigentumswohnanlage umfasst der Grundbucheintrag die Teilungserklärung, den Aufteilungsplan und die Gemeinschaftsordnung. Das Grundbuchamt dokumentiert außerdem Änderungen der Teilungserklärung. Folgende weitere wichtige Informationen kann man dem Grundbuch entnehmen:

„Abteilung I" enthält Angaben darüber, wer Eigentümer oder Erbbauberechtigter ist. Hier ist in der Regel erkennbar, wer gerade Eigentümer ist, lediglich nach Zwangsversteigerungen oder nach Erbschaften kann es sein, dass nicht der aktuelle Eigentümer eingetragen ist.

**Lasten, Be-
schränkungen**

In „Abteilung II" sind folgende Lasten und Beschränkungen
verzeichnet:

- Grunddienstbarkeiten (zum Beispiel Wegerecht)
- beschränkte persönliche Dienstbarkeiten (zum Beispiel
  Wohnrecht, Nießbrauch)
- Auflassungsvormerkung (Sicherung zwischen Kaufvertrags-
  unterzeichnung und Eintragung ins Grundbuch – die Auflassungsvormerkung zeigt an, dass die Wohnung verkauft, aber
  noch nicht bezahlt wurde. Der namentlich genannte Käufer
  ist dadurch vor einem mehrfachen Verkauf des Objekts ge-
  schützt. Nach der Bezahlung des Kaufpreises muss der Verkäufer dies dem Notar mitteilen, der dann die „Löschung der
  Auflassungsvormerkung" im Grundbuch und die Eintragung
  des Erwerbers als Eigentümer veranlasst.)
- Verfügungsbeschränkungen (aufgrund von Insolvenz, Tes-
  tamentsvollstreckung, Nacherbschaft, Vorkaufsrecht oder
  Zwangsverwaltung)

In „Abteilung III" sind die Grundpfandrechte (Grundschulden,
Hypotheken, Zwangshypotheken und seltene Rentenschulden)
eingetragen.

GUT ZU WISSEN

Die Eintragungen über die Belastungen (Grundschuld, Hypothek) in Abteilung
III zeigen nur die ursprüngliche Belastung an. Eine bereits erfolgte Tilgung ist
hieraus nicht zu ersehen, hier bedarf es einer Auskunft des Gläubigers. Möglich
ist auch, dass dem Eigentümer bereits eine Löschungsbewilligung des Grund-
pfandgläubigers vorliegt, eine Löschung aber noch nicht erfolgt ist.
Für jeden Käufer einer Eigentumswohnung ist es von Interesse, das Objekt „las-
tenfrei" zu übernehmen, um dann – was häufig nötig ist – seiner Bank die
Eintragung von Grundpfandrechten zu ermöglichen. Der Verkäufer muss dafür
sorgen, dass keine Belastungen im Grundbuch eingetragen sind. Er muss also
eine Löschung der Grundpfandrechte veranlassen, bevor er die Immobilie verkaufen kann.

KAPITEL 4

Käufer, Kompetenz und Kapital

Beim Kauf einer Eigentumswohnung treffen häufig Vertragsparteien aufeinander, die nicht unterschiedlicher sein könnten:
Da sind auf der einen Seite ausgebuffte Profis namens Bauun-
ternehmer, Bauträger und Aufteilungsspezialisten am Werk, die
sich auf Geschäfte mit Immobilien verstehen. Auf der anderen
Seite stehen die Käufer, oft Privatpersonen, die eine Wohnung
suchen, vielfach junge Leute, die jetzt zum ersten und möglicherweise letzten Mal in ihrem Leben eine ganz große Investition in der Größenordnung von mehreren hunderttausend Euro
tätigen wollen. Es ist daher von elementarer Bedeutung für die
Käuferseite, Kaufentscheidungen gründlich vorzubereiten.

IN DIESEM KAPITEL ERFAHREN SIE,

- welche Entscheidungen Sie treffen sollten, bevor Sie eine Eigentumswohnung kaufen,
- wie Sie überschlägig berechnen, welchen maximalen Kaufpreis Sie stemmen können, und
- warum Sie Ihre partnerschaftliche Beziehung vor dem Immobilienkauf klären
  sollten.

Grundsatzentscheidung

Die erste Frage, die man sich vor dem Kauf von Wohneigentum
stellen sollte, lautet: Ist es überhaupt sinnvoll, eine Eigentumswohnung zu kaufen? Wer damit rechnen muss oder darf, dass
er den Arbeitsplatz wechselt oder von der Firma versetzt wird,
sollte nicht unbedingt an einem gerade aktuellen Wohnort eine
Eigentumswohnung kaufen. Die Wohnung kann nämlich nicht
mit umziehen, es ist eine „Immobilie". Zwar kann eine Eigen-

tumswohnung prinzipiell auch vermietet werden, doch viele Menschen wollen ihr Kapital nicht in dieser Form anlegen (zum Beispiel weil sie vom Mietrecht keine Ahnung haben und auf Auseinandersetzungen mit Mietern verzichten können).

Selbstgenutzte Immobilie

Manchmal kommt der Kauf einer Eigentumswohnung allein deshalb nicht infrage, weil es an einem bestimmten Ort überhaupt keine Angebote gibt. Nicht nur in diesem Fall lohnt es sich, Alternativen in Betracht zu ziehen. Anstelle einer Eigentumswohnung in der Stadt kommt möglicherweise ein eigenes Haus im Grünen infrage. Wer schnell mit anderen Leuten in Konflikt gerät oder eine Familiengründung erwägt oder bereits eine Familie hat, sollte ernsthaft an die Alternativen Einfamilienhaus, Reihenhaus, Doppelhaus, Bauernhaus oder Villa denken. Auch eine Mietwohnung kann eine attraktive und preisgünstige Alternative sein. Bedenken Sie, dass eine Eigentumswohnung bei einer Finanzierung allein aufgrund der Zinsen sehr viel mehr kostet als den Kaufpreis. Bei einer durchaus üblichen Finanzierung über 30 Jahre (ohne vorzeitige Rückzahlung) kann sich der Kaufpreis sogar verdoppeln!

Kapitalanlage

Manche Käufer suchen gar keine Immobilie zur Eigennutzung. Sie wollen – zum Beispiel im Zuge einer Diversifikation ihres Vermögens – eine Kapitalanlage kaufen, Mieteinnahmen erzielen und von Wertsteigerungen profitieren. Eine derartige Kapitalanlage kann sich auszahlen, sie muss es aber nicht. Vermietete Wohnungen kosten in der Regel deutlich weniger als unvermietete, und auch bei Zwangsversteigerungen können Kapitalanleger Wohnungen oft zum Schnäppchenpreis erwerben. Wer eine unrenovierte und vermietete Wohnung günstig kauft, wartet, bis der Mieter ausgezogen ist, verkauft dann die frei gewordene Wohnung und kann so deutliche Preissteigerungen erzielen. Doch es kann auch sein, dass eine Wohnung über die Jahre deutlich an Wert verliert oder sogar unverkäuflich wird.

In jedem Fall muss sich der Käufer darüber im Klaren sein, ob der Kauf einer Eigentumswohnung für ihn überhaupt Sinn macht oder eher eine vermeidbare Belastung darstellt.

Finanzielle Möglichkeiten

Im zweiten Schritt sollten Sie klären, was Sie finanziell stemmen können und wie hoch der Kaufpreis maximal sein darf, damit Sie nach menschlichem Ermessen nie in finanzielle Kalamitäten kommen. In diesem Zusammenhang sind drei Faktoren von elementarer Bedeutung:

- das verfügbare Eigenkapital,
- das monatliche Einkommen und
- der aktuelle Zinssatz, den Sie für ein Darlehen der Bank zahlen müssen.

Die Zeiten der 100-prozentigen Finanzierung, also Immobilienkauf ohne Eigenkapital, sind wohl aufgrund der Erfahrungen aus der Finanzkrise in den USA grundsätzlich vorbei. Viele Käufer, die sich eine Immobilie eigentlich nicht leisten konnten, gehören heute in den USA zu dem Heer der Obdachlosen, die alles verloren haben. Eine Finanzierung zu 100 Prozent kommt heute praktisch nur dann infrage, wenn Sie über ein hohes sicheres Einkommen oder über andere Mittel in der Hinterhand verfügen (zum Beispiel Aktien, Firmen oder andere Immobilien).

Eigenkapital

Ratschläge zur Höhe des unbedingt erforderlichen Eigenkapitals beginnen vielfach bei mindestens 20 Prozent. Beachten Sie aber, dass Sie im Zuge eines Immobilienkaufs auch folgende Kosten zu tragen haben: Maklergebühr, sofern ein Makler eingeschaltet ist, Notarkosten, Grunderwerbssteuer, Kosten der Grundbucheintragung und Umzugskosten. Darüber hinaus benötigen Sie immer auch noch einen „Notgroschen", eine Reserve für unvorhersehbare Ausgaben, die Sie auf keinen Fall in Ihre Eigentumswohnung betonieren lassen dürfen.

Kostenlawine

Eine „solide Finanzierung" beginnt für viele Experten, darunter auch seriöse Banker, bei 30 bis 50 Prozent Eigenkapital (Anteil am Kaufpreis). Je nachdem, wie viel Prozent Eigenkapital Sie selbst als notwendig, sinnvoll und seriös betrachten, können Sie den maximalen Kaufpreis ermitteln, den Ihre Eigentumswohnung kosten darf.

45

Netto-einkommen Der zweite wesentliche Faktor, der vor dem Wohnungskauf zu beachten ist, ist das monatliche Einkommen, das Sie zur Zahlung von Zins und Tilgung, zur Begleichung anderer Forderungen (Versicherungen, Sparverträge) sowie zur Finanzierung des alltäglichen Lebens einsetzen können.

Beachten Sie, dass Ihr Einkommen insbesondere bei selbstständiger Tätigkeit sowie bei einer Familiengründung (Aufgabe der Berufstätigkeit, Teilzeitarbeit, reduzierte Stundenzahl) starken Schwankungen unterworfen sein kann. Je unsicherer Ihre monatlichen Einkünfte sind, desto weniger können Sie sich mit Zins- und Tilgungszahlungen belasten.

Zinsen Als dritten wesentlichen Faktor bei der Ermittlung des maximalen Kaufpreises müssen Sie die aktuellen Zinssätze für Immobiliendarlehen in Betracht ziehen. Sie können anhand der Zinssätze überschlägig berechnen, wie hoch sich Ihre monatliche Belastung durch Zins und Tilgung in etwa darstellen wird. In einem Gespräch mit Ihrer Bank erfragen Sie die aktuellen Konditionen, im Internet finden Sie weitere Angebote, die günstiger sein können.

BEISPIELE

Beispiel I
Seriöse Finanzierung bei niedrigem Einkommen

Faktor 1: Kapital
Ihr Eigenkapital: 150.000 Euro
Ihr Wunsch: Finanzierung maximal zu 50 Prozent
Vorläufiger maximaler Kaufpreis: 300.000 Euro

Faktor 2: Für Finanzierung verfügbarer Betrag pro Monat
Monatliches Nettoeinkommen: 1.800 Euro abzüglich Lebenshaltungskosten und regelmäßiger Zahlungen wie Abos, Lebensversicherung, Mitgliedsbeiträge sowie des Hausgeldes für die künftige Wohnung
Maximale monatliche Belastung: 600 Euro

Faktor 3: Zinsen und Tilgung
Aktueller Zinssatz zuzüglich 1 Prozent Tilgung: 6 Prozent
Bei einer Finanzierung von 150.000 Euro müssen Sie jährlich mit einer Belastung von 9.000 Euro oder monatlich 750 Euro rechnen – das ist zu viel! Denn Sie können ja nur 600 Euro monatlich zahlen!
Um auf eine maximale Belastung von 600 Euro monatlich zu kommen, müssen Sie den Finanzierungsanteil auf 120.000 Euro reduzieren. Dann beträgt Ihre jährliche Belastung 7.200 Euro und die monatliche Belastung 600 Euro.
Sie können also guten Gewissens nur 120.000 Euro als Kredit aufnehmen und für eine Eigentumswohnung (inklusive Nebenkosten wie Maklergebühr, Grunderwerbssteuer, Notarkosten, Grundbucheintragung) maximal 270.000 Euro ausgeben.
Das bedeutet in letzter Konsequenz: Maximaler Kaufpreis bei maximaler monatlicher Belastung nach Abzug von 10 Prozent für Maklergebühr, Grunderwerbssteuer, Notarkosten und Kosten für Grundbucheintragung: *243.000 Euro*

Beispiel II
Seriöse Finanzierung bei niedrigem Eigenkapital und relativ hohem Einkommen

Faktor 1: Kapital
Verfügbares Eigenkapital: 100.000 Euro (Das Eigenkapital soll mindestens 20, besser 30 Prozent betragen.)
Vorläufiger maximaler Kaufpreis: 500.000 Euro

Faktor 2: Für Finanzierung verfügbarer Betrag pro Monat
Nettoeinkommen der Ehefrau: 2.800 Euro, Nettoeinkommen des Ehemanns: 2.500 Euro, insgesamt monatlich: 5.300 Euro abzüglich monatlicher Kosten für Lebenshaltung, Versicherungen, Auto, Mitgliedsbeiträge, Sport, Reisen, Veranstaltungen sowie des bei einer Eigentumswohnung zu zahlenden monatlichen Hausgeldes:
Maximale monatliche Belastung: 2.500 Euro

Faktor 3: Zinsen und Tilgung
Aktueller Zinssatz: 6 Prozent zuzüglich 1 Prozent Tilgung
Bei einer Finanzierung von 400.000 Euro ergibt sich als jährliche Belastung ein
Betrag von 28.000 Euro, das entspricht monatlich 2.333 Euro.
Eine solche Belastung können Sie gut schultern, da Sie ja monatlich sogar 2.500
Euro zur Verfügung haben. Ziehen Sie nun von den 500.000 Euro 10 Prozent
ab für Maklergebühr, Grunderwerbssteuer, Notarkosten und Grundbucheintra-
gung. Daraus ergibt sich der maximale Kaufpreis: 450.000 Euro

Die folgende Checkliste fasst noch einmal die wichtigsten Fragen, die Sie sich im Zusammenhang mit der Finanzierung Ihrer
Wohnung stellen sollten, zusammen:

CHECKLISTE

Finanzierung

- Wie hoch ist das Kapital, das ich beim Kauf einer Eigentumswohnung ein-
  setzen kann?
- Wie hoch darf der Kaufpreis maximal sein, damit die Finanzierungskosten
  meine Möglichkeiten nicht übersteigen?
- Welche monatlichen Belastungen (Zins und Tilgung, monatliche Hausgeld-
  zahlungen) kann ich verlässlich über einen längeren Zeitraum schultern?
- Habe ich genügend Spielraum, um nach fünf oder zehn Jahren bei eventuell
  steigenden Finanzierungskosten die Immobilie weiter zu halten?
- Wie sieht in meinem Fall eine solide Finanzierung aus? (Verhältnis von
  Eigenkapital und Kredit)

Exkurs: „Muskelhypothek"

Eigen-
leistungen

Zahlreiche junge und ältere Wohnungskäufer versuchen, ihre
Kreditbelastung beim Kauf einer Eigentumswohnung durch
Eigenleistungen zu minimieren. Manche Bauträger bieten den
Eigentümern sogar an, den Innenausbau ihrer Wohnung mit der
„Muskelhypothek" in die eigenen Hände zu nehmen. Typische

Aktivitäten, die ein geschickter Heimwerker selbst erledigen kann:

- Streichen der Wände

- Bodenlegen (insbesondere bei einfach zu verlegendem Fertigparkett)

- Einbau einer Standardküchenzeile

- Bau von Trockenbauwänden (mit Gipskartonplatten)

- Abschleifen von massiven Parkettböden

- Fliesenlegen in Bad und Küche

- Einbau von Türzargen und Zimmertüren in der Wohnung

- Ausbau eines Speichers zur Dachgeschosswohnung

Eigenleistungen in einer neuen Eigentumswohnung sind jedoch aus mehreren Gründen mit großer Vorsicht zu betrachten:

Erstens: Immer wieder unterschätzen Käufer einer unrenovierten Eigentumswohnung den Arbeitsaufwand (der in der Regel neben einer beruflichen Tätigkeit aufgebracht werden muss). Glauben Sie semiprofessionellen Heimwerkern: Es dauert alles doppelt und dreifach so lange wie gedacht, vermutet und kalkuliert. Der Einzugstermin kann sich um Monate oder sogar Jahre verschieben.

Hoher Zeitaufwand

Zweitens: Viele Menschen überschätzen ihre Fähigkeiten. Sie gehen in ihrer Wohnung erstmals mit Werkzeugen um, die sie nicht richtig kennen. Aus einer Fehlbedienung können jedoch auch Baumängel resultieren. Die folgende Auflistung veranschaulicht die Herausforderungen und möglichen Risiken einer Muskelhypothek:

Pfusch

- Bodenlegen, Malen und Mauern: Diese Arbeiten bergen oft Überraschungen der weniger erfreulichen Art: Täuschen Sie sich nicht hinsichtlich der tatsächlich zu bewältigenden Arbeiten am Bau. Eine vermeintlich einfache Heimwerkeraktivität kann sich zu einer hochgradig komplexen Herausforderung entwickeln.

Parkett-arbeiten

- Parkettlegen: Bodenlegen und Bodenlegen sind oft zwei Paar Stiefel. Wenn Sie schon mal auf einem ebenen Estrich erfolgreich Parkett verlegt haben, dann kann man Ihnen die Fähigkeit, Parkett zu legen, nicht ganz absprechen. Bedenken Sie aber: Das Bodenlegen kann sich an anderer Stelle als wesentlich komplizierter darstellen, wenn zum Beispiel anstelle eines Betonestrichs als Untergrund lediglich eine durchhängende Balkendecke mit vielen Niveauunterschieden, schrägen Ebenen und „Freiform-Geometrien" anzutreffen ist. Mühsam muss hier der Unterboden egalisiert werden – eine nicht ganz einfache Aufgabe, der Sie sich plötzlich wider Erwarten zum ersten Mal in Ihrem Leben gegenübersehen. Bei einem großen Raum werden Sie zu Ihrer Überraschung feststellen, dass Sie mit einer vermeintlich geeigneten Wasserwaage nicht zurechtkommen und stattdessen eine althergebrachte „Schlauchwaage" oder ein digitales Gerät benötigen – Hilfsmittel, von deren Existenz Sie noch nie etwas gehört haben und deren Beschaffung Sie vor eine weitere Aufgabe stellt.

Malerarbeiten

- Malerarbeiten: Das Streichen von Wänden kann sich sehr überraschungsreich gestalten. In einem Neubau, der noch nie gestrichen wurde, lässt sich in der Regel mit Rollen und Pinseln der Erstanstrich auf dem Putz in kürzester Zeit fertigstellen. Völlig anders stellt sich die Aufgabe häufig in einem Altbau dar: Eine Tapete lässt sich nur Millimeter für Millimeter ablösen. Darunter finden sich übereinander 16 Anstriche aus 100 Jahren und darunter ein bröckelnder, überhaupt nichts mehr haltender Altputz. Alle Schichten müssen entfernt werden. Als hoffnungsfroher Eigentümer müssen Sie neu verputzen – eine Herausforderung, die Sie noch nie in Ihrem Leben gemeistert haben und nie im Leben bewältigen wollten. Erst dann kommt der Erstanstrich, für dessen Erledigung Sie ursprünglich nur ein paar Stunden an einem Samstagnachmittag kalkuliert hatten.

Abbruch

- Abbruchunternehmen: Eine nichttragende Ziegelmauer, die Sie in drei Stunden aufopferungsvoller Arbeit mit Ihrem Hammer und Meißel einreißen wollten, entpuppt sich als betonierte Mauer, die auch einem schweren, für Laien kaum ausleihbaren elektrischen Abbruchhammer erbitterten tagelangen Widerstand entgegensetzt. Nach dieser unerwarteten Herausforderung kann es sein, dass Sie im wahrsten Sinne des Wortes „erschüttert" und zudem „völlig fertig" sind.

- Dachgeschossausbau: Beim Dachgeschossausbau finden Sie möglicherweise bereits früher errichtete Wände, Decken und Böden vor. Anders als Sie ursprünglich dachten, erweisen sich diese unbrauchbaren Einbauten aus Holzfaserwolle sowie Nut- und Federbretter als sehr schwer entfernbare Bauteile. Anders als gedacht sind Sie tagelang damit beschäftigt, Decken abzubauen, Mauern einzureißen, aus Dachbalken Nägel herauszuziehen und Altmaterialien zu entsorgen. Anders als kalkuliert müssen Sie die Dachbalken aufdoppeln, um auf eine wirksame Dämmung von 18 Zentimeter Stärke zu kommen. Und dann kommen weitere Herausforderungen und Schwierigkeiten auf Sie zu: die Beschaffung von Baumaterialien, Dämmarbeiten, Elektroinstallationen, die schwierige Innenverkleidung rund um die Fenster und – nicht zuletzt – das Warten auf andere Handwerker, die nur einen Namen wirklich verdient haben: Godot.

Dachgeschossausbau

Drittens: Wer in einer im Rohbaufertiggestellten Wohnung mit Ausbauleistungen anfängt, beginnt im juristischen Sinne mit einer „Nutzung" und nimmt die Wohnung dadurch – im schlimmsten Fall mit all ihren Mängeln – stillschweigend ab, auch wenn sie noch nicht fertiggestellt ist.

Abnahme der Wohnung

EXPERTENTIPP

Wenn Sie in einer noch nicht fertiggestellten und nicht abgenommenen Wohnung mit Eigenleistungen beginnen, müssen Sie dem Bauträger ein Schreiben senden. Weisen Sie den Bauträger explizit darauf hin, dass Sie mit Beginn Ihrer eigenen Bauleistungen auf keinen Fall stillschweigend die vom Bauträger zu erbringenden Leistungen abnehmen und auf einer Abnahme bestehen.

Fehlende Gewährleistung

Viertens: Für Schäden und Probleme, die der Eigentümer selbst in einer Ausbauphase erzeugt, kann er keine Gewährleistung in Anspruch nehmen. Er muss auch damit rechnen, dass er wegen eines von ihm erzeugten Schadens in Regress genommen wird. Wer beispielsweise bei seinen Renovierungsleistungen mit einer Parkettmaschine grob fahrlässig ein Wasserrohr verletzt und einen riesigen Wasserschaden im ganzen Haus erzeugt, muss damit rechnen, dass hohe Forderungen auf ihn zukommen.

Fünftens: Langwierige Sanierungsmaßnahmen können Ihre Familie oder Beziehung stark belasten. Sie haben möglicherweise nicht die Zeit, um sich zu erholen, um mit Ihren Kindern zu spielen, um das Wochenende zu genießen. Riskieren Sie nicht, dass Ihre Familie aufgrund umfangreicher Ausbauarbeiten in die Brüche geht!

Beachten Sie, dass auch ein Umzug – egal, ob Sie ein Umzugsunternehmen beauftragen oder selbst als Möbelpacker Hand anlegen – schon sehr viel Arbeit verursacht.

Wohnungskäufer und private Beziehungen

Trennung

Im Vorfeld eines Immobilienkaufs sollten Ehepaare, unverheiratete Paare und Partner einer gleichgeschlechtlichen Lebensgemeinschaft klären, wer zu welchem Anteil an der Wohnung beteiligt sein wird. Diese Klärung ist nicht so einfach, wie sie scheint. Es genügt nicht, wenn Sie sagen: „fifty-fifty" oder „80:20" oder „66.666 zu 33.333" oder „100:0". Mit solchen Anteilen klären Sie lediglich, wie Sie gegenüber der Außenwelt die Anteile an der Wohnung festgelegt haben. Regeln Sie auch das Innenverhältnis zwischen sich und Ihrem Partner und vor allem den „worst case", nämlich den Fall, dass Sie sich trennen, also: Wer darf die Wohnung im Trennungsfall übernehmen und zu welchem Preis, welche Entschädigungen sind für eingebrachte Arbeiten zu zahlen, wie sind aufgenommene Darlehen zu behandeln etc.

Eine eigene Wohnung wird mitunter zu dem Zweck gekauft, die Risse einer kriselnden Beziehung zu kitten. Doch auseinanderstrebende Kräfte können oft auch nicht von den starken Mauern einer Eigentumswohnung zusammengehalten werden. Jedenfalls sollten Sie sich immer darüber im Klaren sein, was passiert, wenn Sie irgendwann in der Zukunft getrennte Wege gehen sollten.

Egal, ob Sie verheiratet sind oder nicht, treffen Sie vor dem Kauf einer Eigentumswohnung eine Lösung, die für beide Partner akzeptabel ist und maximale Sicherheit bietet. Sie vermeiden damit von vorneherein große Schwierigkeiten, die sogar den Bankrott eines Partners bedeuten können.

EXPERTENTIPP

Wenn Sie gemeinsam mit einem Partner den Kauf einer Eigentumswohnung erwägen, lassen Sie sich über die Folgen einer Trennung und die Möglichkeiten einer vertraglichen Absicherung für diesen Fall durch einen Fachanwalt für Familienrecht beraten. Diese vernünftige Investition hilft, ein „böses Erwachen" zu vermeiden, und gibt Ihnen die notwendige Sicherheit.

KAPITEL 5

Der Erwerb einer Eigentums-wohnung

Sobald Sie sich darüber im Klaren sind, dass Sie eine Eigentumswohnung erwerben wollen, wie viel Kapital Sie einsetzen können und wie Sie Schwierigkeiten mit Ihrem Partner oder Ihrer Partnerin aus dem Weg gehen, können Sie das Angebot an Wohnungen sondieren und auf Besichtigungstour gehen. Sie lernen nun die Welt des Wohneigentums über bunte Prospekte, dürftige Anzeigen, aufgepeppte Exposés, adrette Maklerinnen und bemühte Makler, Baustellen mit Bautafeln, Altbauten mit Charme und Objekte mit bedrückendem Renovierungsstau kennen.

IN DIESEM KAPITEL ERFAHREN SIE,

- wie Sie Ihre Immobilie suchen und finden können und
- was bei entstehenden Neubauten und einstürzenden Altbauten zu beachten ist.

Strategie für Reiche

Bei der Wohnungssuche können Sie sich unterschiedliche Strategien zu eigen machen. Angenommen, Sie haben viel Geld und wenig Zeit zur Verfügung, können Sie ganz vielen Maklern signalisieren, dass Sie eine Eigentumswohnung mit ganz bestimmten Merkmalen in dieser oder jener Lage suchen. Diese Strategie ist übrigens durchaus zu empfehlen. Wenn einer von vielen Maklern tatsächlich einmal ein passendes Objekt im Angebot hat, ist die Wahrscheinlichkeit sehr groß, dass Sie rasch davon erfahren.

Verfügen Sie über wenig Geld und viel Zeit, sollten Sie den Maklern aus dem Weg gehen, um sich die Maklergebühr zu sparen. Versuchen Sie in diesem Fall, direkten Kontakt zu Verkäufern aufzubauen: zum Beispiel zu Bauträgern oder Personen, die ein Inserat schalten, um einen Käufer für ihre Wohnung zu finden. Es lohnt sich, wenn Sie auf Chiffren-Anzeigen antworten, die Sie unmittelbar in Kontakt mit einem Verkäufer bringen. Mancherorts hängen Verkäufer auch Zettel aus, um auf eine verkäufliche Wohnung aufmerksam zu machen. Um herauszufinden, welche Objekte zwangsversteigert werden, können Sie sich über Zeitungen schlau machen.

Vermeidung der Maklergebühr

Bevor Sie auf Besichtigungstour gehen, sollten Sie sich die angebotenen Objekte auf dem Stadtplan, eventuell auch auf Google Streetview, ansehen, um schon mal die Lage abzuklären. Wenn Sie eine ruhige Wohnlage suchen, brauchen Sie Häuser an stark frequentierten Straßen erst gar nicht besichtigen. Wohnungen, die wenig fantasievoll mit Aussagen wie „nicht ganz ruhig" oder „lebendige Wohngegend" beworben werden, finden Sie viel häufiger als Objekte in wirklich ruhigen und gefragten Wohnlagen. Zu Ihrer Information: „Nicht ganz ruhig" ist meist gleichbedeutend mit „extremer Belastung mit Verkehrslärm durch Ausfallstraße oder Autobahn", und „lebendige Wohngegend" ist eine beschönigende Bezeichnung für „massive Belastung durch Kneipen, Restaurants und entsprechenden Publikumsverkehr".

Schöne Worte, schreckliche Objekte

Gute Lage

Worauf kommt es beim Kauf einer Eigentumswohnung an? Auf diese Frage kann man nur einen alten Kalauer zitieren, der so abgedroschen ist, dass er hier nur der Vollständigkeit halber noch einmal wiedergegeben wird: „Erstens: die Lage, zweitens: die Lage, drittens: die Lage."

Was aber ist eine gute Lage? Eine gute Lage definiert sich zum einen über ein attraktives Wohnumfeld (gut gestaltete Häuser, Freiflächen, Natur), eine leicht erreichbare Versorgungsstruktur (Lebensmittelgeschäfte, Restaurants, Arztpraxen, Banken, Friseure und – nicht zuletzt – Anwaltskanzleien) sowie gute Verkehrsverbindungen (öffentliche Anbindung an Bahnhof, Stadtzentrum, Theater, Museen). Merkmale für eine schlechte Lage sind große Gewerbe- und Industriegebiete, Abgelegenheit, ungünstige oder fehlende öffentliche Verkehrsmittel.

Himmels-
richtung

Unter dem Stichwort „Lage" sollte man auch die Lage der Wohnung im Haus beachten. Dachgeschosswohnungen sind oft sehr begehrt, aber auch Wohnungen in den Etagen können sehr großzügig und angenehm sein. Nach Süden und Westen ausgerichtete Wohnungen sind meist deutlich schneller verkauft als die gleichen Wohnungen mit Ausrichtung nach Norden und Osten. Erdgeschosswohnungen mit Gartenanteil werden oft gesucht, eher weniger begehrt sind dunkle Souterrain- und Hinterhofwohnungen.

Guter Schnitt

Grundriss

Ein wesentliches Kriterium bei der Wohnungssuche sollte immer auch der Grundriss sein. Bei einer ungünstig geschnittenen Wohnung kaufen Sie viele Quadratmeter mit relativ schlechter Nutzbarkeit (lange, schmale Flure, kleine und gefangene Zimmer, weite Wege in der Wohnung, Küche in Form einer bedrückenden Gefängniszelle). Ein perfekter Grundriss zeichnet sich aus durch eher kleine Flurflächen, relativ große Zimmer, angenehme Räume, eine gut dimensionierte Wohnküche, die Vermeidung von Schläuchen sowie Platz für Möbel. Je mehr Wohnungen Sie kennenlernen, umso besser wird Ihr Gespür für optimale Grundrisse!

Gute Ausstattung

Designerware

Der Wert einer Wohnung wird auch durch die eingesetzten Materialien für Boden, Wände, Türen sowie Küchen- und Badgestaltung bestimmt. Die Bandbreite der Qualität reicht hier von wenig ansehnlicher, schnell zerschlissener Billigware bis zu hochwertigen, langlebigen Qualitätsprodukten und ausgefallener Designerware.

Es macht einen großen Unterschied, ob Sie echtes massives Eichenparkett (mehrfach abschleifbar) kaufen oder ein Eichenimitat aus Kunststoff, das schon nach wenigen Monaten unansehnlich wird; ob Sie Fliesen für neun oder für 90 Euro den

Quadratmeter erhalten; ob Sie Türklinken der Marke Billigst **Billiges Zeug** erhalten oder Designerprodukte; ob Sie eine hervorragende Küchenzeile eines anerkannten und preisgekrönten Küchenherstellers erhalten oder den Ladenhüter von gestern aus dem Massenwaremöbelheimer; ob in den Innenräumen umwelt- und menschenverträgliche Bio-Produkte (Bodenbeläge, Wandfarben) oder langfristig ausdünstende Kunststoffe eingesetzt werden (Laminat, Dispersionsfarben), die für immer mehr Menschen eine gesundheitliche Bedrohung darstellen.

CHECKLISTE

Ausstattung
- Was gehört nach der gültigen Teilungserklärung und dem Aufteilungsplan definitiv zum Sondereigentum?
- Stimmen die Quadratmeterangaben? (Nachmessen lohnt sich!)
- Was muss alles renoviert/an spezielle Anforderungen angepasst werden?
- Welche Qualität haben Boden, Wände, Türen, Badausstattung, Küchenzeile?

Beachten Sie, dass Sie die Ausstattung fast immer noch später verändern können, wenn Sie bereits die Wohnung bezogen haben. Sie können also durchaus zunächst minderwertige Produkte in Kauf nehmen und eine gut geschnittene Wohnung in guter Lage auch dann kaufen, wenn die Ausstattung nicht wirklich Ihren Wünschen gerecht wird. Nach Jahren – wenn Sie sich von der finanziellen Belastung des Wohnungskaufs erholt haben – können Sie sich von den hässlichen Dingen verabschieden und sich mit neuen Materialien, edlen Gegenständen und gut gestalteten Produkten noch einmal eine Freude machen.

Die Sache mit dem Kaufpreis

Bei der Suche nach einer geeigneten Immobilie können Sie auch Wohnungen besichtigen, die das absolute Limit nach oben, das Sie sich gesetzt haben, überschreiten. Erfahrungsgemäß sind alle

Festpreise und Fantasie

Kaufpreise, auch die angeblichen „Festpreise" von Bauträgern, Fantasieprodukte ohne Realitätsbezug. Sie müssen die nach Lust und Laune auf hohe Rendite definierten Kaufpreise nicht akzeptieren und dürfen sich nicht von Verkaufstaktiken („Sie müssen sich rasch entscheiden!" „Fast alle Wohnungen schon verkauft", „Einmaliges Angebot", „Seltene Gelegenheit") beeindrucken lassen. In der Regel ist da noch viel Verhandlungsspielraum gegeben, auch andere Interessenten rechnen spitz und können oder wollen nicht jeden überzogenen Preis bezahlen. Hinter den Preisvorstellungen aus Prospekten bleiben die verbrieften Kaufpreise fast immer zurück – um zehn bis 20 Prozent, manchmal weniger, manchmal mehr. Nur ganz selten überbieten sich die Kaufinteressenten mit Offerten über dem zunächst vom Verkäufer genannten Preis, um auf Biegen und Brechen eine „Traumimmobilie" zu ergattern. An so einem Bieterwettstreit sollten Sie sich nicht beteiligen.

Angebot und Nachfrage

Sie können aber dem Makler, Bauträger oder Vertriebsmitarbeiter Ihre Visitenkarte mit Ihrem handschriftlichen unverbindlichen „Preisangebot" übergeben, ohne lange mit ihm über die Angemessenheit des Preises zu diskutieren. Rechnen Sie damit, dass solche Angebote anfangs im Brustton heftiger Entrüstung zurückgewiesen werden, und bitten Sie den Verkäufer einfach, sich bei Interesse wieder zu melden. Warten Sie ab, nach ein paar Tagen oder Wochen kann es sein, dass Sie einen Anruf erhalten. Da kommen dann schon versöhnlichere Töne: Ja, man sei nun bereit, noch einmal ein Gespräch zu führen, heißt es dann. Und weiter: Ob man sich nicht treffen könne, um das Ganze noch einmal zu bereden.

Was bedeutet das? Der Verkäufer hat niemanden gefunden, der bereit ist, mehr zu zahlen als Sie. Sie dürfen sich nun nicht um einen Millimeter bewegen, sondern sollten bei Ihrem Preisangebot bleiben! Üben Sie sich in Freundlichkeit, doch bleiben Sie hart in der Sache!

Boom-Town? – Boom-Preise?

Unter dem Titel „Immobilien-Kompass 2011: Wohneigentum wird unbezahlbar" berichtete *stern.de* im Mai 2011 über explodierende Preise auf dem Immobilienmarkt in großen Städten. Wörtlich heißt es in dem Artikel: „Was ohnehin viel kostet, wird noch teurer – zur Freude der Investoren und zum Leidwesen von Käufern und Mietern." Selbst im von Leerständen geplagten Berlin explodierten die Immobilienpreise.

Preisauftrieb in Metropolen

Was ist der Hintergrund dieser Preisentwicklung? Die Ursache des Booms liegt in einem Zusammentreffen von mindestens zwei Trends: Erstens, verstärkte Nachfrage nach Wohnraum in den Metropolen nach der Finanz- und Wirtschaftskrise aufgrund vermehrter Arbeitsplätze bei überwiegend großen Unternehmen; zweitens, die Flucht in Sachwerte in Anbetracht einer sich abzeichnenden oder sich verschärfenden Euro- und Dollar-Krise infolge von drohenden Staatspleiten in Europa.

Doch was ist die richtige Reaktion auf eine solche Situation? Soll man nun sofort bei der nächsten Besichtigung hektisch eine halbwegs passable Wohnung zum überhöhten Preis kaufen, um überhaupt zum Zug zu kommen? Soll man dem Makler ein paar tausend Euro extra zustecken, nur um unter vielen Kaufkandidaten an den Verkäufer vermittelt zu werden? All das wäre völlig verkehrt!

Wer am Kauf einer Eigentumswohnung interessiert ist, sollte möglichst nicht in einer Immobilien-Boom-Zeit kaufen, auch wenn er gerade eine Wohnung benötigt. Sobald sich der Wohnungsmarkt beruhigt und andere Geldanlagen wieder attraktiver werden, entspannt sich der Markt. Spätestens bei der nächsten Wirtschaftskrise brechen die Preise wieder ein. Wie jeder Aktienanleger sollte sich auch ein Immobilienkäufer immer darüber im Klaren sein, dass er das beste Geschäft macht, wenn er bei möglichst niedrigen Preisen kauft und in Boom-Zeiten verkauft.

Vorsicht: zerplatzende Blase

stern.de berichtet in dem oben genannten Artikel über eine junge Frau, die sich absolut richtig verhalten hat. Die 31-Jährige und ihr Freund wollten kaufen oder mieten, hätten mit 100.000 Euro ein passables Eigenkapital gehabt, das Paar hätte sogar eine halbe Million Euro auf den Tisch legen können. Doch die Suche führte zu keinem Ergebnis. Die Frau sagte laut *stern.de*: „Wir waren nicht bereit, in fünf Minuten eine Kaufentscheidung über 500.000 Euro zu treffen."

Kaufentscheidung unter Druck

In der Tat ist es nicht sinnvoll, im Rahmen einer Besichtigung eine Kaufzusage zu machen. Zwar kann man ungestraft sagen, man werde eine Wohnung kaufen, und dann bis zum Notartermin das Objekt und die Unterlagen prüfen und am Tag des Notartermins eventuell noch absagen. Doch sollte man sich als Käufer keinesfalls unter Druck setzen lassen.

Wie ging die Geschichte aus? Die 31-jährige Frau fand zusammen mit ihrem Freund über private Kontakte eine Mietwohnung. Für den Kauf einer passenden Immobilie kann sie sich nun alle Zeit der Welt nehmen und dann kaufen, wenn ein erschwingliches Objekt angeboten wird.

Übrigens wird die Mär von einem überhitzten „Boom-Markt" gerne von Anbietern in die Welt gesetzt, die großes Interesse daran haben, rasch zu hohen Preisen zu verkaufen. Kein Immobilieninteressent sollte alles glauben, was ihm an Gerüchten, Trendaussagen und Marktbeobachtungen als Wahrheit verkauft wird.

Der Kauf einer neuen Eigentumswohnung

Viele Worte, wenig Substanz

Wenn es um den Kauf einer neuen Eigentumswohnung geht, können Sie häufig vor Ort nur das Grundstück, eine Baugrube, einen halben Rohbau oder einen Verkaufscontainer besichtigen, in dem Ihnen ein freundlicher Gesprächspartner wortreich die Vorzüge der nicht existenten Immobilie anhand von Prospekten und Plänen anpreist. Häufig ist es möglich, dass Sie hinsichtlich einiger Details – nichttragender Wände und Qualität des Innenausbaus (Auswahl der Materialien) – mitbestimmen können. Als Erwerber können Sie meist jedoch keine Änderung an der Teilungserklärung durchsetzen, da dies mit Zeitaufwand und Kosten verbunden wäre, die der Bauträger scheut.

Bei einem Kauf vom Bauträger sollten Sie sich nicht von dem oft aufwändig gestalteten Prospektmaterial (Simulationen, bunte Bilder, Wohnidyll-Zeichnungen) beeindrucken lassen. Neben der Prüfung der Bonität des Bauträgers (Referenzobjekte, Schufa-Auskunft: www.meineschufa.de) kommt es entscheidend darauf an, folgende Unterlagen zu studieren und zu prüfen:

Wohnidyll und Schufa-Auskunft

- Teilungserklärung (Umfang des Sondereigentums)
- Aufteilungsplan und Gemeinschaftsordnung
- Baubeschreibung
- Leistungsverzeichnis für das Sondereigentum
- Leistungsverzeichnis für das Gemeinschaftseigentum
- Entwurf des Kauf- und Bauvertrags

Der Erwerber schließt mit dem Bauträger nicht nur einen Kaufvertrag, er wird auch Vertragspartner eines Werkvertrags (Erstellung der Wohnungseigentumsanlage mit der Wohnung) und damit quasi Bauherr. Sie müssen daher sehr genau prüfen, ob der Bauträger wirklich keine wichtigen Leistungen vergessen hat (siehe Checkliste auf der folgenden Seite). Fehlt beispielsweise die „Außenanlage" mit mehreren Positionen wie Wegebau, Zaunanlage oder Bepflanzung, müssen Sie damit rechnen, dass Sie sich als Erwerber zusammen mit den anderen Käufern gleich zum Fertigstellungstermin zusätzlich zum Kaufpreis die Kosten für die Außenanlage teilen müssen.

Fehlende Positionen im Vertrag

Achten Sie auch auf Zahlungsziele, die für Sie günstig sind. Sie sollten bei noch nicht erstellten Objekten niemals gleich den gesamten Kaufpreis zahlen. Für Sie ist es von Vorteil, wenn Sie den Kaufpreis Zug um Zug mit der Fertigstellung und Abnahme zahlen, etwa wie folgt:

- 20 Prozent nach Vertragsabschluss (für das Grundstück)
- 10 Prozent nach Fertigstellung des Kellers
- 30 Prozent nach Fertigstellung des Rohbaus
- 40 Prozent nach Übergabe/Abnahme

**Zahlungs-
modalitäten**

Eine solche Definition von Zahlungszielen hat für Sie enorme Vorteile im Vergleich zu einer Einmalzahlung vor Baubeginn. Sie leisten keine Vorauszahlungen, sondern begleichen Ihre Schuld – ähnlich wie sonst im Geschäftsleben – dann, wenn eine Leistung erbracht ist. Bei einer Pleite des Bauträgers ist Ihr Geld nicht komplett verbrannt. Sie reden mit und prüfen, ob eine als erbracht gemeldete Leistung tatsächlich ausgeführt wurde – bevor dies nicht der Fall ist, verweigern Sie die geforderte Teilzahlung. Außerdem ersparen Sie sich Zinsbelastungen. Und nicht zuletzt bewirkt eine gesplittete Zahlungsweise, dass der Bauträger ganz besondere Anstrengungen unternimmt, seine Termine einzuhalten und das Objekt zügig fertigzustellen.

**Vertrauen
und
Kontrolle**

„Vertrauen ist gut, Kontrolle ist besser." Diese Weisheit hat nirgendwo so stark ihre Berechtigung wie auf einer Baustelle. Sie sollten immer wieder die Baustelle mit einem Fotoapparat besichtigen und unangemeldet den gerade aktuellen Bauzustand dokumentieren. Machen Sie möglichst viele Aufnahmen, sowohl von den Innenräumen als auch vom Gebäude (Außenhülle). Sie können mit diesem Bildmaterial und einem Sachverständigen später möglicherweise vor Gericht beweisen, dass wesentliche Leistungen nicht oder unzulänglich ausgeführt wurden. Auch Stillstand und Terminüberschreitungen können Sie mit Ihren Aufnahmen unter Beweis stellen.

Bevor Sie einen Vertrag mit einem Bauträger schließen, sollten Sie folgende Punkte prüfen:

CHECKLISTE

Vor Abschluss des Vertrags mit dem Bauträger

- Liquidität des Bauträgers (seriöses Unternehmen?)
- Referenzobjekte (Erfahrungen anderer Käufer?)
- Baubeschreibung (detaillierte Darstellung, Nachvollziehbarkeit, Klarheit?)
- Leistungsverzeichnisse (detaillierte Auflistung, Vollständigkeit, Fachlichkeit?)
- Termine (Gibt es verbindliche Aussagen zu Fertigstellung und Teilleistungen?)
- Regelungen bei verspäteter Herstellung (Konventionalstrafe?)
- Erschließung (komplett oder teilweise?)
- Außenanlagen (Vertragsbestandteil?)

- Kostenregelung für Sonderwünsche des Käufers (feste oder flexible Preise?)
- Preisvereinbarungen und Zahlungsmodalitäten (Festpreis?)
- Regelungen für die Feststellung von Mängeln (Schiedsgutachterabrede, Einschaltung eines Sachverständigen, Kostenregelung)
- Sonderwünsche des Käufers (im Vertrag detailliert beschrieben?)

Der Kauf einer gebrauchten Eigentumswohnung

Beim Kauf einer Wohnung in einem Altbau gibt es zwei Varianten: zum einen den Kauf von einem Aufteiler/Bauträger, der das Objekt gekauft, aufgeteilt und mehr oder weniger saniert hat, zum anderen den Kauf von einem Wohnungseigentümer, der seine Wohnung veräußert (etwa wegen eines Umzugs, einer Familiengründung oder finanzieller Probleme).

Wenn Sie direkt von einem Aufteiler oder Bauträger kaufen, müssen Sie die folgenden Unterlagen genauso prüfen wie bei einer neuen Eigentumswohnanlage:

- Teilungserklärung (Umfang des Sondereigentums)

- Aufteilungsplan und Gemeinschaftsordnung

- Baubeschreibung

- Leistungsverzeichnis für das Sondereigentum

- Leistungsverzeichnis für das Gemeinschaftseigentum

- Entwurf des Kauf- und Bauvertrags

Sie bekommen nur das, was klipp und klar schriftlich niedergelegt ist. Alles, was Ihnen nur erzählt und mündlich versprochen wurde, hat keinerlei Bedeutung. Wenn also der Bauträger Ihnen gegenüber lange und breit erzählt, was er alles renovieren, sanieren und modernisieren wird, ist das nichts als Schall und Rauch. Sie müssen dafür sorgen, dass seine Aussagen auch in der Bau-

Schall und Rauch

**Leistungs-
verzeichnis**

beschreibung, in den Leistungsverzeichnissen und nicht zuletzt im Kauf- und Bauvertrag bis in die Details niedergelegt sind. Sonst kann es passieren, dass Sie Ihre Eigentumswohnung und Ihren Miteigentumsanteil am Haus ohne jegliche Renovierung kaufen und damit riskieren, dass die Wohnungseigentümergemeinschaft notgedrungenermaßen immer wieder aufwändige Sanierungsarbeiten über Sonderumlagen auch zu Ihren Lasten finanzieren muss.

Wenn Sie sich darauf einlassen, eine unrenovierte Eigentumswohnung in einem unrenovierten Haus zu kaufen, dann muss auch der Kaufpreis dieser Situation angemessen sein. Sie können bei einer Immobilie mit Renovierungsstau eine Aufstellung des Renovierungsbedarfs in die Verhandlungen mit dem Verkäufer mitbringen und damit den Kaufpreis drücken.

**Kauf ohne
Renovierung**

Beim Kauf einer Wohnung von einem einzelnen Eigentümer ist es üblich, das Objekt „wie gesehen" zu erwerben. Eher selten verpflichten sich die Verkäufer in diesem Fall zu Leistungen vor der Übergabe der Wohnung. Der Verkäufer sichert Ihnen in der Regel jedoch im Kaufvertrag zu, dass ihm keine versteckten wesentlichen Mängel bekannt sind. In der Regel ist es überaus schwierig, später nachzuweisen, dass der Verkäufer doch über wesentliche Mängel informiert war.

Beim Erwerb einer gebrauchten Eigentumswohnung steigen Sie in eine möglicherweise schon seit Jahren oder Jahrzehnten bestehende Eigentümergemeinschaft ein. Sie müssen sich über die Beschlüsse und die Probleme des Hauses informieren, denn:

- Es können Beschlüsse vorliegen, die auch den Erwerber binden.

- Es können Rückstände beim Hausgeld einzelner Wohnungseigentümer aufgetreten sein.

- Auch wenn der Wohnungseigentümer sagt, er wisse nichts davon, kann die Immobilie renovierungsbedürftig sein (zum Beispiel: anstehende Dach- und Kellersanierung, Erneuerung von Versorgungsleitungen, Austausch veralteter Aufzüge, marode Elektroinstallationen im Haus).

Zusammengefasst sollten Sie beim Kauf einer gebrauchten Eigentumswohnung folgende Punkte beachten:

CHECKLISTE

Kauf einer gebrauchten Wohnung

Einsicht in
- Teilungserklärung, Gemeinschaftsordnung, Aufteilungsplan
- Beschlusssammlung
- eventuell existierenden Mietvertrag
- Hausgeldabrechnung (auch der vergangenen Jahre)
- Wirtschaftsplan
- Hausordnung, wenn vorhanden
- Grundbuch
- Baulastverzeichnis (möglich bei der zu ständigen Baubehörde)

Besichtigung
- des baulichen Zustandes des Hauses und der Wohnung (möglichst mit Bauingenieur oder Architekt)

Klärung
- Existieren Hausgeldrückstände (auch des Verkäufers!)?
- Gibt es anhängige Gerichtsverfahren?
- Gibt es noch zu erfüllende behördliche oder bauliche Auflagen?
- Gibt es Streitereien mit Nachbarn oder anderen Wohnungseigentümern?
- Gab es gerichtliche Auseinandersetzungen?

Der Kauf einer Eigentumswohnung zur Kapitalanlage

Die meisten Interessenten kaufen eine Eigentumswohnung für den Eigenbedarf. Sie wollen, genauso wie dies vielfach geraten wird, nicht zur Mehrung des Vermögens von Vermietern beitragen, sondern mit monatlichen Zahlungen „in die eigene Tasche" wirtschaften.

Es gibt jedoch auch Käufer von Eigentumswohnungen, die damit explizit ausschließlich Kapital bilden wollen. Im Zuge der

Diversifikation ihrer Anlagen setzen sie auch auf Immobilien und sind froh, wenn sie die Verwaltung nicht selbst erledigen müssen.

Eigenbedarfs-klage

Beim Kauf einer Eigentumswohnung zur Kapitalanlage kann der Erwerber auch ein vermietetes Objekt kaufen. Solche vermieteten Wohnungen sind nicht geschätzt bei Interessenten, die ihre Wohnung selbst bewohnen wollen, denn Auseinandersetzungen mit Mietern können sich hinziehen und an den Nerven zehren, Prämien, die den Mieter zum Auszug bewegen sollen, können außerdem eine Wohnung verteuern. Mit einer Eigenbedarfsklage gegen einen Mieter will sich heute kaum ein Wohnungskäufer mehr herumschlagen. Aus diesen Gründen sind vermietete Eigentumswohnungen in der Regel deutlich unter dem Preis für eine beziehbare freie Wohnung zu erwerben.

Manche Käufer achten auch auf betagte Mieter. Sie kalkulieren damit, dass der Mieter irgendwann – wohin auch immer – umziehen muss. Solche Käufer warten oft geduldig, bis sie irgendwann einmal die freie Wohnung verkaufen können.

Wie bei allen Vermietungen müssen sich die Käufer und Kapitalanleger im Mietrecht auskennen (siehe dazu auch Kapitel 8).

Erwerb in einer Zwangsversteigerung

Der Kauf einer Wohnung in einer Zwangsversteigerung verspricht vor allem einen Preis weit unter dem aktuellen Verkehrswert. Doch häufig entspricht der Erwerb auf diesem Wege dem Kauf der „Katze im Sack".

Besichtigung oft nicht möglich

Oft ist es nicht möglich, direkten Kontakt mit dem ehemaligen Eigentümer aufzunehmen. Die Bank, die die Zwangsversteigerung betreibt, hat zwar in der Regel ein Interesse, potenzielle Käufer gut zu unterrichten, doch ihr Informationsmaterial reicht oft nicht aus, um sich ein verlässliches Bild zu machen. Meist ist auch keine Besichtigung vor dem Versteigerungstermin möglich. Manchmal ist es schwer, herauszufinden, wer der Verwalter ist, und wenn das gelingt, kann es sein, dass der Verwalter sich „zugeknöpft" gibt, denn ein Verwalter ist der Wohnungseigentümergemeinschaft verpflichtet, nicht jedoch fremden Personen. So sind Informationen vom Verwalter häufig schwer oder gar nicht zu erhalten.

Von Vorteil ist, dass bei jeder Zwangsversteigerung ein Wertgutachten vorliegen muss. Aus diesem Gutachten und aus dem gerichtlichen Beschluss, mit dem die Versteigerung angeordnet wurde, lassen sich zumindest einige Eckdaten ermitteln.

Wertgutachten

Wer auf Nummer sicher gehen will, sollte jede zusätzliche Informationsmöglichkeit nutzen:

- Kontakte zu anderen Eigentümern sowie zu Mietern im Haus

- Telefonat oder Gespräch mit dem aktuellen Mieter der Wohneinheit

Aus rechtlicher Sicht ist von Bedeutung: Der Ersteigerer haftet nicht für Verbindlichkeiten seines Rechtsvorgängers. Auch in der Teilungserklärung kann eine solche Haftung nicht verbindlich vereinbart werden (BGH, Beschluss vom 22.1.1987, Aktenzeichen V ZB 3/86). Sie können also davon ausgehen, dass, wenn Sie eine Wohnung meistbietend erstanden haben, niemand Ihnen Altschulden des ehemaligen Eigentümers gegenüber der Wohnungseigentümergemeinschaft in Rechnung stellen kann. Rückständiges Wohngeld des Alteigentümers muss nicht von Ihnen gezahlt werden, und nicht gezahlte, vor Ersteigerung fällige Sonderumlage müssen Sie nicht interessieren.

Altschulden

GUT ZU WISSEN

Vorsicht: Wenn **nach** dem Eintritt eines neuen Eigentümers in die Wohnungseigentümergemeinschaft eine Jahresabrechnung und die daraus folgenden Einzelabrechnungen verbindlich beschlossen und **erneut** ein Hausgeldrückstand des Vorgängers in den Beschluss einbezogen wird, so haftet der Erwerber neben dem Rechtsvorgänger, denn dieser Beschluss betrifft nunmehr auch ihn als neuen Wohnungseigentümer.

Sobald der Hammer gefallen ist, hat der Ersteigerer – unabhängig von der Eintragung im Wohnungsgrundbuch – sein Stimmrecht in der Wohnungseigentümerversammlung. Er kann allerdings auch von diesem Zeitpunkt an auf Zahlung von Hausgeld in Anspruch genommen werden.

EXPERTENTIPP

Aufgrund der eingeschränkten Informationsmöglichkeiten bleibt die Ersteigerung einer Eigentumswohnung im Zwangsversteigerungsverfahren immer ein Risiko. Vermeintliche Schnäppchen können sich als sehr kostenintensiv herausstellen. Es ist deshalb ratsam, alle irgendwie erreichbaren Informationsquellen zu nutzen, um das Risiko zu minimieren.

Erwerb durch Erbschaft

Vermögen und Schulden

Dieser Erwerb scheint zunächst neben der Schenkung der reizvollste zu sein, da einem die Immobilie ohne eigene Anstrengungen und Zahlungen „in den Schoß fällt". Zu bedenken ist jedoch, dass der Erbe gemäß § 1922 BGB Gesamtrechtsnachfolger des Erblassers wird. Das heißt: Mit dem Tod des Erblassers geht dessen Vermögen (positiv und negativ!) auf den Erben über. Der Erbe muss das gesamte Erbe übernehmen, er kann nicht die Rosinen herauspicken und Schulden ablehnen. Solange alle Vermögensbestandteile im Wert höher sind als die Schulden, wird die Erbschaft durch die Schulden geschmälert. Schwieriger wird es, wenn nicht kalkulierbar ist, in welchem Verhältnis Vermögen und Schulden stehen. Eine grandiose Erbschaft kann sich mitunter als hochverschuldeter Nachlass entpuppen!

Ein Erbe wird bei einer vermieteten Eigentumswohnung durch Annahme der Erbschaft automatisch Vermieter. Er tritt in den Mietvertrag ein. Hier kommt es auch nicht darauf an, ob der Erbe bereits im Grundbuch eingetragen ist, da mit Eintritt des Erbfalls der Eigentumswechsel erfolgt. Der Erbe sollte sich daher schnellstmöglich alle Informationen besorgen, die für die Beurteilung der Eigentumswohnung erforderlich sind.

BEISPIEL

Erbschaft an einem überschuldeten Nachlass

Ein 79-jähriger ehemaliger Banker verstirbt in seiner großzügigen Eigentums-wohnung im Zentrum von Hamburg. Sein einziger Erbe, der 45-jährige Neffe, organisiert die Beerdigung, nimmt Kondolenzschreiben entgegen und freut sich diebisch über die Erbschaft, schließlich sind Dachgeschosswohnungen in dieser Lage ein Vermögen wert.

Doch je länger sich der Erbe mit dem Nachlass beschäftigt, desto mehr gefriert ihm das Lächeln. Die Wohnung ist mit einer Hypothek in Höhe von einer Million Euro belastet. Der Onkel war bis zuletzt an einer Finanzberatungsfirma beteiligt, die nicht aus den Schulden herauskam: Schuldenstand unbekannt und schwer kalkulierbar. Bei der Sichtung der Post fallen dem Erben zahlreiche Schreiben des Finanzamts mit unerfreulichem Inhalt auf. Briefe von Anwälten gehören ebenfalls zur Erbschaft, einheiliger Tenor: „Wir haben Sie daher aufzufordern, spätestens bis zum … zu zahlen." Auf den Bankkonten des Onkels: nichts als rote Zahlen. Der 45-jährige Erbe geht zum Fachanwalt für Erbrecht. Doch der Anwalt kann ihm nur einen vernünftigen Rat geben: „Schlagen Sie die Erbschaft aus, wenn Sie sich nicht unglücklich machen wollen."

Erwerb durch Vermächtnis

Der Vermächtnisnehmer, der in einem Testament mit einer Ei-gentumswohnung bedacht wurde, ist in einer etwas besseren Si-tuation als der Erbe. Er tritt nicht in alle Rechte des Erblassers ein, sondern kann vom Erben die Herausgabe seines Vermächt-nisses, hier also der Eigentumswohnung, fordern.

Nach § 2180 BGB gibt es keine Frist für die Ausschlagung oder Annahme des Vermächtnisses, wenn der Erblasser nicht selbst entsprechende Fristen gesetzt hat. Der Erbe kann aber dem Ver-mächtnisnehmer eine angemessene Frist für die Erklärung, ob er das Vermächtnis annimmt oder nicht, setzen (§ 2107 Abs. 2 BGB). Wird innerhalb dieser Frist die Annahme nicht erklärt, gilt das Vermächtnis als ausgeschlagen.

Belastungen Wenn die Wohnung belastet ist, geht diese Belastung auch auf den Vermächtnisnehmer über (§ 2165 BGB). Auch das Recht auf die sogenannten Früchte und Nutzungen gehen mit „Anfall des Vermächtnisses" auf den Vermächtnisnehmer über (§ 2184 BGB). Hierzu gehören auch die Mieteinnahmen. Notwendige Verwendungen, die der Erhaltung, Wiederherstellung und Verbesserung der Wohnung dienen und nach dem Erbfall entstanden sind, sind ebenfalls vom Vermächtnisnehmer auszugleichen.

Hausgeldrückstände sind Erblasserschulden, für die der Vermächtnisnehmer nicht einzustehen hat. Ein Vermächtnisnehmer kann daher einem Verwalter signalisieren, dass nicht er diese Schulden zu zahlen hat, und dem Verwalter die Adresse des Erben nennen. Wenn aber nach der Übernahme der Eigentumswohnung in einer Wohnungseigentümerversammlung eine Jahresabrechnung/Einzelabrechnung, in die auch die rückständigen Hausgelder des Erblassers eingeflossen sind, beschlossen wird, haftet auch der Vermächtnisnehmer (wie der Ersteigerer) neben den Erben.

Wenn die Eigentumswohnung vermietet ist, tritt der Vermächtnisnehmer wie der Erbe in den bestehenden Mietvertrag ein.

Die folgende Checkliste fasst die wichtigsten Punkte, die Erben und Vermächtnisnehmer zu beachten haben, zusammen:

CHECKLISTE

Erbe und Vermächtnisnehmer

- Teilungserklärung, Gemeinschaftsordnung und Aufteilungsplan besorgen
- Einsicht ins Grundbuch nehmen
- Mietvertrag/Mietrückstände überprüfen
- Beschlusssammlung einsehen
- Abrechnungen und Wirtschaftspläne einsehen
- mit Verwalter Kontakt aufnehmen und Hausgeldrückstände überprüfen
- Kautionszahlungen überprüfen
- direkten Kontakt mit dem Mieter aufnehmen
- bei Überschuldung Ausschlagung des Erbes oder Vermächtnisses überprüfen (Ausschlagungsfrist sechs Wochen ab der Kenntnis, dass das Erbe angefallen ist)

Steuern bei Erbschaft und Vermächtnis

Bei Vermächtnis und Erbe können Erbschaftssteuern anfallen. Die persönlichen Freibeträge sind insofern von Bedeutung, da diese nicht versteuert werden:

Ehepartner und gleichgeschlechtlicher eingetragener Lebenspartner:	500.000 €
Kinder und Stiefkinder:	400.000 €
Enkel und Stiefenkel:	200.000 €
Eltern und Großeltern im Todesfall:	100.000 €
Eltern und Großeltern bei Schenkung, Geschwister, Nichten, Neffen und alle übrigen Personen (ob verwandt oder nicht):	20.000 €

Bei vererbten, vermachten oder geschenkten Werten oberhalb dieser Freibeträge können erhebliche Erbschaftssteuerlasten anfallen. In diesem Zusammenhang spielt die erbrechtliche Steuerklasse (nicht die einkommens- oder lohnsteuerbezogene Steuerklasse) eine wichtige Rolle.

Als Faustregel gilt: Die nächsten Angehörigen werden nur mit einem relativ geringen Steuersatz zur Kasse gebeten, während weiter entfernte Verwandte, Geschwister, Nichten, Neffen und sonstige Personen einem relativ hohen Steuersatz unterliegen.

Erwerb durch Schenkung

Eine Schenkung von Immobilien kommt insbesondere innerhalb der Familie vor: Ein alter Mensch schenkt seinem Kind, seiner Nichte oder seinem Neffen, eventuell auch weiter entfernten Verwandten, eine Wohnung. Bei einer geplanten Schenkung sollte der potenzielle Beschenkte sich sehr genau über die Eigentumswohnung, die Belastung mit Grundpfandrechten und den Renovierungsbedarf informieren. Wer beschenkt wird, ist meist in der komfortablen Position, wichtige Informationen unmittelbar vom Schenker zu erhalten. Häufig sind noch Grundpfandrechte im

Grundbuch eingetragen, jedoch die Darlehen bereits vollständig getilgt.

Notarieller Vertrag

Für die Übertragung von Wohneigentum – auch zum Nulltarif – ist ein notarieller Schenkungsvertrag in jedem Fall erforderlich. In einem solchen Vertrag können auch eher weniger angenehme Details geregelt werden: Nicht selten verbindet der Schenker eine oder mehrere Forderungen mit der Schenkung, wie zum Beispiel die Übernahme von Hausgeldrückständen oder Sonderumlagen.

Alle oben ausgeführten Punkte zum Erbe und zum Vermächtnis gelten sinngemäß auch für den Beschenkten. Insbesondere kommen hinsichtlich einer möglichen Steuerlast – diese wird hier Schenkungssteuer genannt – die gleichen Freibeträge und Steuersätze zur Anwendung.

KAPITEL 6

Leistungsverzeichnisse

Wenn Sie eine noch nicht fertiggestellte Eigentumswohnung erwerben, liegt dem Kaufvertrag ein sogenanntes Leistungsverzeichnis bei, also eine detaillierte Beschreibung dessen, was der Bauträger im Innen- und Außenbereich zu errichten hat.

Legen Sie großen Wert auf vollständige, detaillierte und eindeutige Leistungsverzeichnisse! Geben Sie sich nicht zufrieden mit blumigen Beschreibungen, nichtssagenden Qualitätsbeteuerungen, folgenreichen Auslassungen, trickreichen Formulierungen und Aussagen, die der Bauträger als Lizenz zur Bauausführung nach eigenem Gusto („billig, billig, billig") interpretieren kann und darf.

IN DIESEM KAPITEL ERFAHREN SIE,

- mit welchen Maßstäben Sie Leistungsverzeichnisse für das Sonder- und Gemeinschaftseigentum beurteilen können und
- wie Sie sich vor Überraschungen in Form minderwertiger Materialien und Preisüberschreitungen schützen sollten.

Leistungsverzeichnis Sondereigentum

Beim Innenausbau Ihrer Eigentumswohnung geht es um die Ausstattung der Wohnräume, die Sie in der Regel selbst bewohnen wollen. Sie sollten alles tun, um zu erreichen, dass Sie hier beim Einzug ein behagliches, angenehmes und umweltfreundliches Wohnklima vorfinden. Vor allem wenn Sie bereits mit gesundheitlichen Problemen (zum Beispiel Asthma oder Allergien) zu tun haben und mögliche Beeinträchtigungen auf lange Sicht ausschließen wollen, sollten Sie die Materialien sehr gewissenhaft auswählen.

Wohnklima

Im Einzelnen können Sie meist bei der Auswahl folgender Materialien und Ausführungen mitbestimmen (eine vollständige Liste aller möglichen Arbeiten und Materialien ist hier nicht möglich):

Nichttragende Innenwände

Gipskarton oder Ziegel

Die nichttragenden Innenwände in Ihrer Wohnung gehören zum Sondereigentum. Sie können häufig bestimmen, wo und wie solche Wände gebaut werden sollen. In der Regel gibt es die Alternative „Trockenbau" oder „Mauerwerk". Eine Wand aus Gipskartonplatten oder anderen höherwertigen Platten ist in der Regel billiger zu erstellen als eine gemauerte Wand, dafür können Sie Trockenbauwände leichter – auch während der Nutzungszeit – versetzen lassen. Die höherwertige Ausführung ist jedoch in der Regel ein Mauerwerk aus Ziegeln oder anderen Bausteinen.

Unterputz, Oberputz, Edelputz

Eine traditionelle Putzoberfläche besteht aus Unterputz und Oberputz, die über die gleichen Eigenschaften, etwa hinsichtlich Härte und Schwindmaß, verfügen müssen, damit es nicht zu vermehrter Rissbildung kommt. In jüngster Zeit ist jedoch ein Trend zu einer einzigen, etwa einen Zentimeter starken und bereits gefärbten Innenputzschicht zu beobachten, die keinen Anstrich mehr benötigt. Ein hochwertiger Putz ist der mineralische Edelputz. Es gibt unter dieser Rubrik zahlreiche fertig gemischte und leicht verarbeitbare Produkte in verschiedenen Farbtönen.

Wandfarben

Bei Wandfarben gibt es sehr starke Qualitätsunterschiede. Die Bandbreite reicht von billigen, heute kaum mehr eingesetzten Leimfarben über häufig als Standardprodukte verwendete

Dispersionsfarben aus Kunstharzen (Mineralölprodukte), Bindemitteln und Additiven bis hin zu Silikatfarben. Dispersionsfarben geraten unter dem Aspekt der Umweltverträglichkeit gerade aufgrund vielfach unbekannter Additive mehr und mehr in den Fokus der Kritik. Silikatfarben kosten in der Regel etwas mehr als Dispersionsfarben, sie sind aber keineswegs nur für Außenfassaden erhältlich, sondern auch für Innenräume. Durch chemische Reaktionen verbinden sich Silikatfarben fest mit der Putzoberfläche und verfestigen sie. Wie andere mineralische Baumaterialien verfügen sie über eine sehr hohe Wasserdampfdurchlässigkeit.

Erdölprodukt oder Silikatfarbe

Bei einer Altbauwohnung sollten Sie darauf bestehen, dass alle Tapeten und Leimfarbenanstriche gründlich entfernt und alte Putzschichten ersetzt oder zumindest repariert werden. Wenn Sie dann eine Innensilikatfarbe wählen, können Sie damit die Putzoberfläche härten.

Bodenbeläge

Bei Bodenbelägen beginnen die Preise am unteren Ende mit Standardbilligware wie Teppichböden aus Kunststoffen, elastischer PVC-Auslegeware und Laminatplatten mit sehr dünner Nutzschicht. Wer einfach nur Teppichboden, PVC oder Laminat als Bodenbelagsbeschreibung akzeptiert, bekommt unter Garantie keine höherwertige Ware!

Als höherwertig anzusehen sind bereits Fertigparkettprodukte und Teppichböden mit Wollanteil. Beachten Sie bitte, dass allein bei Fertigparkett wiederum ein breites Qualitäts- und Preisspektrum existiert. Die zahlreichen heute angebotenen Klick-Parkett-Produkte haben den Vorteil, dass die Auswechslung einzelner defekter Platten jederzeit möglich ist. Achten Sie auch darauf, dass die Nutzschicht möglichst aus Hartholz (zum Beispiel Eiche, Esche, Buche, Nussbaum) besteht und drei bis vier Millimeter aufweist, damit der Boden abgeschliffen werden kann. Als hochwertige und hochpreisige Bodenbeläge sind massives Parkett oder Massivdielen (auch hier ist Hartholz besser als Weichholz) anzusehen.

Kunststoff oder Massivholz

75

Legen Sie im Leistungsverzeichnis auch die Art der Verlegung fest:

• Verklebung auf Estrich (Klebstoffart und -verträglichkeit?)

• schwimmende Verlegung auf Trittschalldämmung

• im Altbau Montage auf Holzunterkonstruktion

Wenn Sie sich in Altbauten mit Holzbalkendecke neues Parkett oder neue Dielen legen lassen, sollten Sie auf jeden Fall darauf bestehen, dass zunächst der Unterboden egalisiert wird. Häufig sind alte Unterböden aus Holz nach 80 bis 100 Jahren an den tragenden Wänden deutlich höher als in der Raummitte.

Versiegelung oder Ölung Festzulegen ist auch die Endbehandlung der Parkett- oder Dielenoberfläche, sofern das verlegte Produkt noch nicht endbehandelt ist. Neben einer „Versiegelung" (Kunststoffoberfläche) kommt die Behandlung mit einem „Hartöl" infrage.

Fliesen

Boden- und Wandfliesen werden meist in Küche und Bad, manchmal jedoch auch in anderen Räumen gewünscht. Auch hier sollten Sie darauf achten, dass Sie sich auf lange Sicht an qualitativ hochwertigen Oberflächen erfreuen können. Vor allem Natursteinplatten können Ihren Wohnräumen ein edles und individuelles Flair verschaffen.

Türen, Türzargen und Türgriffe

Massenware oder Kunst Türen und Zargen lassen sich als standardisierte Fabrikware zu niedrigen Kosten beschaffen. Bei neuen Eigentumswohnanlagen erhalten Sie in der Regel Massenware des Billigpreissegments. Wenn Sie auf hohe Qualität Wert legen, müssen Sie das über das Leistungsverzeichnis festlegen. Ähnlich ist das bei Türgriffen. Hier kostet Massenware – nicht selten aus Kunststoff – wenig. Schöne Griffe und insbesondere die von Designern entworfenen Produkte schlagen deutlich teurer zu Buche.

Heizkörper

Flachheizkörper, wie sie heute standardmäßig in vielen Wohnungen eingebaut sind, sind nicht nur funktional, sondern auch preiswert in der Anschaffung. In der Regel bekommen Sie solche Heizkörper, wenn nichts Näheres in der Leistungsbeschreibung enthalten ist. Wenn Sie auf Röhrenradiatoren oder die für Niedrigenergie- und Passivhäuser konzipierten Wandheizkörper (in die Wand integriert) Wert legen, müssen Sie meist deutlich mehr Geld in die Hand nehmen.

Flachheizkörper oder Radiatoren

Badausstattung

Suchen Sie sich in Ruhe Badewanne, Wasch- und Duschbecken und die zugehörigen Armaturen aus. Wenn Sie hochwertige Produkte auswählen, können Sie sich lange daran erfreuen. Bei Billigware müssen Sie möglicherweise schon nach fünf bis zehn Jahren an einen Austausch denken.

Elektroinstallationen

Legen Sie die genaue Anzahl und Anordnung der Schalter, Steckdosen und Lichtauslässe in den einzelnen Räumen des Sondereigentums fest! Im Altbau sollten Sie darüber hinaus – sofern erforderlich und sinnvoll – ebenso wie im Neubau eine komplette Neuverlegung sämtlicher Leitungen fordern.

Radio-, TV- und Telefonleitungen

Häufig reichen Leitungen laut Baubeschreibung nur bis zur Wohnungstüre, sind also nur im Gemeinschaftseigentum ausgeführt. In diesem Fall sollten Sie die Weiterführung der Leitung innerhalb der Wohnung bis zu dem Raum und Ort fordern, an dem Sie die Anschlüsse benötigen. Sonst müssen Sie nach Fertigstellung oder Renovierung erneut mit Schlitz- und Verlegearbeiten beginnen.

Küchenzeile

Gebraucht oder ausgewählt Eine Küchenzeile gehört oft nicht zum Leistungsumfang einer Neubauwohnung, bei bestehenden Wohnungen können Sie dagegen häufig eine bereits vorhandene Küchenzeile übernehmen. Nicht selten haben Voreigentümer oder Mieter jedoch völlig unrealistische Vorstellungen in Bezug auf den Wert gebrauchter Küchenmöbel. Hier ist Ihr Verhandlungsgeschick gefragt. Sie können sagen, dass Sie auf die eingebauten Küchenmöbel, aber auch auf einen Abbau durch den Mieter oder Voreigentümer keinen Wert legen. Oft rentiert es sich für den Voreigentümer oder Mieter nämlich nicht, die Küchenzeile abzubauen. Sie können diese dann erst einmal weiter nutzen und ersetzen, sobald Sie wieder verfügbare Mittel und Muße zur Auswahl neuer Küchenmöbel haben oder ein perfektes Angebot finden.

Bei allen Materialangaben sollten Sie auf exakte Informationen (Hersteller, Produkt, Seriennummer) oder zumindest auf die Angabe des Materialpreises Wert legen. Häufig bietet Ihnen der Verkäufer die Möglichkeit, bis zu einem bestimmten Preis pro Quadratmeter Materialien wie Bodenbelag und Fliesen auszuwählen. In diesem Fall sollten Sie sich darüber im Klaren sein, dass die Wahl teurer Materialien zu erheblichen Preissteigerungen führen kann. Alles, was nach Ihrem Wunsch eingebaut werden soll, sollte im Leistungsverzeichnis möglichst eindeutig beschrieben sein.

Das Leistungsverzeichnis kann wie folgt aufgebaut sein und zunächst handschriftlich erarbeitet werden:

Art der Leistung (Wohnung/ Raum)	Beschriebene Leistung (Material/Arbeit/ Menge)	Im Preis enthalten	Sonderleistung (Mehrpreis)
Innenwände			
Putz			
Wandfarbe			
Bodenbelag/ Raum			
Fliesen Bad			
Badausstattung			
Fliesen Küche			
...			
...			
...			

Leistungsverzeichnis Gemeinschafts-eigentum

Beim Leistungsverzeichnis zum Gemeinschaftseigentum haben Sie meist überhaupt keine Mitspracherechte. Entweder das Gemeinschaftseigentum ist bereits gebaut, oder der Bauträger will seine Vorstellungen realisieren, die er in einem Leistungsverzeichnis bereits niedergelegt hat. Es bleibt Ihnen hier meist nur eine Prüfung der Unterlagen, die Sie vom Bauträger erhalten. Achten Sie insbesondere auf folgende Punkte:

Kellerausführung

Achten Sie insbesondere in Gebieten mit hohem Grundwasserspiegel darauf, dass der Keller nicht lediglich in Gestalt massiver Betonböden und -wände ausgeführt wird. Nur eine höherwertige

„Weiße Wanne"

„weiße Wanne" ist in der Lage, bei hohem Grundwasserspiegel eindringende Feuchtigkeit abzuweisen.

Fallrohre und Abwasserrohre

Oberkante Gelände

Vergewissern Sie sich, dass die Ausführung der Abwasserrohre laut Leistungsverzeichnis nicht an der „Oberkante Gelände" endet. Das bedeutet nämlich, dass der Anschluss an das öffentliche Entsorgungsgelände nicht vom Bauträger geleistet wird und die Eigentümergemeinschaft erst einmal für den Anschluss aufkommen muss.

Wärmedämmung und Energieeinsparverordnung (EnEV)

Damit das Gebäude wenig Energie verbraucht, sind nach der Energieeinsparverordnung umfangreiche Dämmmaßnahmen der Außenhülle erforderlich.

Sondermüll

Wenn die zu verwendenden Materialien nicht exakt bezeichnet sind, liegt die Wahrscheinlichkeit bei 100 Prozent, dass Sie geschäumte Kunststoffe (zum Beispiel Polystyrol, bekannt als „Styropor") – bösartige Architekten sprechen von „Sondermüll" – auf die Fassade gepappt bekommen. Höherwertige und teurere Materialien wie Steinwolleplatten oder Naturmaterialien wie Kork erhalten Sie nur dann, wenn diese in der Leistungsbeschreibung auch aufgeführt sind.

Heizungsanlage, Satellitenanlage, Elektrokabel, TV-Kabelnetz

Achten Sie darauf, dass das Leistungsverzeichnis für das Gemeinschaftseigentum vollständig ist. Sie haben keinen Anspruch auf Dinge, die nicht ausdrücklich im Leistungsverzeichnis aufgeführt sind. Auch wenn Sie dringend auf eine Heizungsanlage angewiesen sind und immer geglaubt haben, dass der Bauträger eine Heizung einbaut, haben Sie keinen Anspruch auf eine solche Anlage, wenn diese nirgendwo im Leistungsverzeichnis oder im Vertrag genannt ist.

EXPERTENTIPP

Preisvereinbarungen im Leistungsverzeichnis

– Stundenlohn und Materialpreis: gut für den Handwerker
Wenn Sie einen Handwerker beauftragen, dann ist die Berechnung von Materialkosten und Stundenlöhnen bei kleineren Projekten durchaus üblich. Im Leistungsverzeichnis zu einer größeren Baumaßnahme führt diese Art der Berechnung zu Kosten, die kaum kalkulierbar sind und schnell aus dem Ruder laufen. Hüten Sie sich vor dieser Vergütungsform!

– Einheitspreis: besser für den Auftraggeber
Schon wesentlich günstiger ist die Vereinbarung von „Einheitspreisen" pro Quadratmeter Bodenbelag oder Fliesenfläche. Materialkosten und Verlegeaufwand werden hier zu einer Preiseinheit in Euro zusammengezogen. Wenn Sie korrekt mit Quadratmetern kalkulieren, kann hier nichts anbrennen. Nur wenn Sie sich beispielsweise während der Baumaßnahme entscheiden, anders als zunächst geplant, nicht nur einzelne Zimmer, sondern die ganze Wohnung mit einem hochwertigen teuren Bodenbelag zu versehen, kann es zu empfindlichen Kostensteigerungen kommen.

– Pauschalpreis: die einzig wahre Lösung für Käufer
Sie sollten nicht nur für einzelne Gewerke (zum Beispiel Wasserinstallation, Elektroinstallation, Malerarbeiten, Bodenbelag), sondern für alle im Leistungsverzeichnis genannten Positionen einen Pauschalpreis vereinbaren. Nur so können Sie mit dem Bauträger oder Verkäufer der Eigentumswohnung im Kauf- und Bauvertrag einen verbindlichen Preis festlegen und diesen zur Grundlage Ihrer Finanzierung machen.

KAPITEL 7

Vertragsrecht

Mit dem Kauf einer Eigentumswohnung ist zunächst einmal ein Kaufvertrag verbunden. Darüber hinaus wird zwischen den Vertragsparteien häufig ein Werkvertrag geschlossen. Das gesamte Werk heißt dann „Kauf- und Bauvertrag".

IN DIESEM KAPITEL ERFAHREN SIE,

- worauf Sie bei einem Kaufvertrag achten müssen,
- welche Angelegenheiten bei einem Werkvertrag (bei Immobilien auch Bauvertrag genannt) von Bedeutung sind,
- was Sie bei Darlehensvereinbarungen und der Bestellung einer Grundschuld beachten müssen und
- was bei vermieteten Eigentumswohnungen zu beachten ist.

Kaufvertrag

Mündliche Absprachen

Um eine Immobilie zu kaufen, müssen Sie gemeinsam mit dem Verkäufer zum Notar gehen. Nur ein Notar kann rechtlich verbindlich die Grundstücksgeschäfte zwischen Verkäufer und Käufer abwickeln. Alles, was Sie mit einem Verkäufer außerhalb des Notariats vereinbaren (Reservierungsgebühren, Vorvertrag, Anzahlungen, Kaufpreiszahlungen über den notariell verbrieften Kaufpreis hinaus), ist mit dem Gesetz nicht zu vereinbaren. Lassen Sie sich auf solche Absprachen unter keinen Umständen ein.

Der Notar ist insbesondere dafür verantwortlich, das Rechtsgeschäft zwischen Verkäufer und Käufer korrekt abzuwickeln. Er ist als unabhängige Person weder Partei der einen noch der anderen Seite. Seine Aufgaben im Einzelnen sind:

- unabhängige Beratung der Vertragsparteien (Information, Beratung),

- Abfrage des aktuellen Grundbucheintrags (und korrekte Wiedergabe des Grundbucheintrags im Kaufvertrag),

- klare und eindeutige Formulierung der Vertragsbestimmungen im Einklang mit dem geltenden Recht,

- Vollzug des Vertrags (Auflassungsvormerkung zugunsten des Käufers im Grundbuch, Entgegennahme der Bestätigung des Verkäufers, dass der Kaufpreis gezahlt wurde, Löschung der Auflassungsvormerkung und damit Eintragung des Käufers in das Grundbuch).

Sie können sich darauf verlassen, dass der Notar als unabhängige Person einen korrekten Vertrag zu Papier bringt. Beachten Sie aber: Was der Notar in einen Vertragstext gießt, ist das, was Sie zuvor mit dem Verkäufer vereinbart haben. Ein guter Notar wird Sie auf fragwürdige, gefährliche und problematische Vereinbarungen aufmerksam machen und Ihnen empfehlen, bestimmte Dinge nicht zu unterschreiben. Doch wenn Sie problematische Vereinbarungen als Vertragsinhalt akzeptieren, können Sie sich nicht im Nachhinein darüber beschweren, Sie seien vom Notar getäuscht oder nicht ausreichend informiert worden.

Rolle des Notars

Typische Inhalte eines notariellen Kaufvertrags

- Urkunden-Nummer (des Notariats mit Jahreszahl-Angabe)

- Eingangsbemerkung über die vor dem Notar „erschienenen" Personen bzw. Parteien (Geburtsdatum, Wohnort, gesetzlicher Güterstand, „ausgewiesen durch Personalausweis" oder „persönlich bekannt")

- Vorbemerkung mit dem Inhalt des Wohnungs- und Teileigentumsgrundbuchs (Informationen zum Kaufgegenstand)

- Verkauf (XY verkauft Eigentumswohnung an QZ)

- Auflassungsvormerkung bzw. Auflassung: Die Auflassungsvormerkung soll während des Verkaufsvorgangs vermeiden, dass der Verkäufer eine Wohnung mehrfach an unterschiedliche Parteien verkauft. Sie signalisiert: STOPP – da läuft bereits ein Verkaufsvorgang. Die Löschung der Auflassungsvormerkung bedeutet: Der Verkaufsvorgang ist beendet (entweder positiv, wenn der Käufer bezahlt hat, oder negativ, wenn der Käufer nicht bezahlt hat). Bei einem positiven Ergebnis (nach Bezahlung des vollständigen Kaufpreises) legt der Notar die Urkunde (Kaufvertrag) dem Grundbuchamt „zur Eigentumsumschreibung" vor.

- Angaben zur Kaufpreishöhe

- Termin für den Übergang von „Besitz, Nutzungen und Lasten"

- „Sach- und Rechtsmängelhaftung": Hier finden sich häufig Bestimmungen wie die folgende: „Der Käufer hat den Vertragsgegenstand genau besichtigt. Der Verkäufer schuldet weder ein bestimmtes Flächenmaß noch die Verwendbarkeit des Grundstücks für Zwecke des Käufers oder dessen Eignung zur Erreichung steuerlicher Ziele des Käufers." Wer diese Bestimmung unterschreibt, ohne die unterstellte Prüfung vorgenommen zu haben, ist gleichwohl durch seine Erklärung gebunden und hat später keine Möglichkeit, den Verkäufer wegen unrichtiger Quadratmeterangaben zu verklagen. Er kann sich auch nicht mehr darauf berufen, dass er den desolaten Bauzustand des Gemeinschafts- oder Sondereigentums nicht gekannt habe.

- Bemerkungen zur „Zwangsvollstreckung": Hier findet der Käufer eine meist befremdlich klingende Bestimmung mit etwa folgendem Wortlaut: „Der Käufer unterwirft sich wegen der Verpflichtung zur Zahlung des in Abschnitt X genannten Kaufpreises der sofortigen Zwangsvollstreckung aus dieser Urkunde in sein gesamtes Vermögen." Diese martialisch klingende Aussage hat keinerlei Bedeutung, wenn der Käufer seiner Zahlungsverpflichtung gegenüber dem Verkäufer so nachkommt, wie dies im Vertrag vereinbart wurde. (Siehe auch nachfolgenden Exkurs „Zwangsvollstreckung in das gesamte Vermögen")

- Hinweise: Unter diesem Punkt legt der Notar wesentliche Informationen nieder, die er mündlich gegenüber den Vertragsparteien geäußert hat. Ein typischer Inhalt unter anderen ist: „Es ist erforderlich, dass alle Vereinbarungen richtig und vollständig beurkundet werden, damit die Wirksamkeit der Urkunde und aller Vereinbarungen gewährleistet ist."

- Bevollmächtigung des Notars, Genehmigungen und Erklärungen zu beantragen und entgegenzunehmen
- Kosten und Abschriften
- Belastungen

EXPERTENTIPP

Häufig legt ein Verkäufer (Bauträger) dem Käufer einen ihm genehmen Entwurf für einen Kaufvertrag vor. Sie sind gut beraten, einen solchen Entwurf nicht als unvermeidbares juristisches Teufelszeug zu akzeptieren. Im Zuge der Verkaufsverhandlungen sollten Sie Änderungen an jenen Passagen vorschlagen, die nicht Ihren Interessen entsprechen. Sie können auch von sich aus die Aufnahme „Ihrer" Vertragsbestimmungen einbringen und verhandeln. Falls Sie sich unsicher sind, können Sie einen Fachanwalt für Miet- und Wohnungseigentumsrecht bitten, den Vertragsentwurf zu prüfen, mit Ihren Interessen in Einklang zu bringen und Sie bei den Kaufverhandlungen zu unterstützen.

Exkurs: Zwangsvollstreckung in das gesamte Vermögen

Was bedeutet es eigentlich, wenn sich der Käufer einer Eigentumswohnung im Kaufvertrag der „sofortigen Zwangsvollstreckung aus dieser Urkunde in sein gesamtes Vermögen" unterwirft? Und was heißt es, wenn in einem Darlehensvertrag mit der Bank die „dingliche Zwangsvollstreckungsunterwerfung" und die „persönliche Haftung mit Zwangsvollstreckungsunterwerfung" vorgesehen sind? Hierbei handelt es sich auf jeden Fall um Vertragspassagen, die jeder Mensch, der einen Kaufvertrag und einen Darlehensvertrag abschließt, mit einem mulmigen Gefühl unterschreibt.

Diese vertraglichen Bestimmungen zur Zwangsvollstreckung kommen allerdings nicht zur Anwendung, solange Sie Ihren vertraglichen Pflichten nachkommen, also den vereinbarten

Kaufpreis an den Käufer und der Bank die vereinbarten Zinsen und Tilgungszahlungen zur Fälligkeit überweisen. Die sofortige Zwangsvollstreckung des Verkäufers ist auf keinen Fall mehr möglich, wenn Sie den Kauf- und Bauvertrag vollständig bezahlt haben.

Privat-insolvenz

Auch dann, wenn Sie – aus welchem Verschulden auch immer – während der Laufzeit des Darlehensvertrages eine Privatinsolvenz erleben und nicht mehr zahlen können, kommt es noch nicht automatisch zur Zwangsvollstreckung. Sie sollten in einem solchen Fall mit Ihrer Bank reden und auf eine möglichst rasche Bereinigung der Situation hinarbeiten (Verkauf der Immobilie, Rückzahlung der Kredite). In der Regel verlieren Wohnungseigentümer hier viel Geld, denn alles, was sie an Grunderwerbssteuer, Notarkosten, Maklergebühr und Gebühren für die Grundbucheintragung bezahlt haben, ist dann, wenn sie nach fünf oder zehn Jahren verkaufen müssen, verlorenes Vermögen. Es kann auch sein, dass sie den ursprünglich bezahlten Kaufpreis auch bei großen Anstrengungen nicht mehr erzielen können.

Insbesondere bei geringem Eigenkapital und hoher Finanzierung kommt es vor, dass man den Darlehensvertrag kündigen und der Bank das gesamte Darlehen zurückzahlen muss. Möglicherweise verliert man in diesem Zusammenhang sogar das gesamte beim Wohnungskauf eingesetzte Eigenkapital. Aber auch in diesem Fall kommt es nicht zur Zwangsvollstreckung.

Katastrophe

Es kann noch viel schlimmer für einen Wohnungseigentümer kommen! Wenn etwa eine zu einem sehr hohen Anteil finanzierte Wohnung plötzlich massiv an Wert verliert. Angenommen, Sie haben in einer Zeit des Wohnungseigentums-Booms in einer Großstadt eine Wohnung für 500.000 Euro gekauft und davon 400.000 Euro über die Bank finanziert. Plötzlich fallen die Preise ins Bodenlose, Sie werden völlig unerwartet arbeitslos und können die monatlichen Zins- und Tilgungsraten nicht mehr bezahlen. Beim Verkauf Ihrer Wohnung sind nur mehr 200.000 Euro zu erzielen. Sie schulden der Bank aber noch 300.000 Euro. Nun holt sich die Bank von Ihnen über die Zwangsvollstreckung alles, was sie an Vermögen bekommen kann: nicht nur die Eigentumswohnung, sondern auch andere Immobilien und alles, was zu Geld zu machen ist. Grenze ist die sogenannte Pfändungsfreigrenze.

Nehmen Sie die Warnung vor Zahlung überhöhter Kaufpreise zu Boom-Zeiten ernst. Sie tun sich mit riskanten Finanzierungen keinen Gefallen! Verzichten Sie lieber auf den Kauf einer Eigentumswohnung oder warten Sie, bis Sie eine ansprechende Wohnung zu einem vernünftigen Preis kaufen können, bevor Sie sich selbst der Gefahr einer Zwangsvollstreckung aussetzen.

Bauvertrag nach Werkvertragsrecht

Vor allem bei neuen Anlagen, oft jedoch auch bei Altbauten schließen die Käufer einer Eigentumswohnung mit dem Bauträger oder Aufteiler einen „Kauf- und Bauvertrag". In diesem Fall ist das Werkvertragsrecht (§§ 631 bis 651 BGB) maßgebliche Grundlage des Bauvertrags. Der Käufer ist „Auftraggeber", der Bauträger allein oder zusammen mit seinen Subunternehmern „Auftragnehmer".

Leistungsverzeichnisse

Der Bauvertrag muss in Form von Leistungsverzeichnissen für das Gemeinschaftseigentum einerseits und das Sondereigentum andererseits sehr detailliert auflisten, was der Bauträger alles zu bauen hat (siehe auch Kapitel 6). Je detaillierter dies geschieht, desto besser ist es für den Käufer und desto besser weiß auch der Auftragnehmer, was er alles heranschaffen und einbauen muss. Ein Wasserhahn kann ein Billigprodukt aus der letzten Baumarkt-Verkaufsaktion und der Ladenhüter von anno dazumal sein, es kann sich aber auch um eine mehrere hundert Euro teure Kreation eines Top-Designers handeln. Steht im Leistungsverzeichnis nur „Wasserhahn", erhalten Sie unter Garantie die erste, nie jedoch die letzte Variante. Alle Sonderwünsche müssen daher exakt beschrieben sein. Nur auf diese Weise kann sich der Käufer sicher sein, dass er

Präzision

- das bekommt, was er braucht und wünscht,
- bei der Abnahme genau das vorfindet, was er bestellt hat, und
- allenfalls Mängel geltend machen kann.

EXPERTENTIPP

Vorsicht bei Ungenauigkeiten: Gleichwertigkeitsklausel und Leistungen, die „bauseits" zu erbringen sind

Geben Sie sich niemals mit wenig aussagekräftigen Leistungsbeschreibungen in Leistungsverzeichnissen zufrieden. In den Leistungsverzeichnissen für das Gemeinschaftseigentum und das Sondereigentum muss alles sehr genau beschrieben sein. Lassen Sie sich bei Zweifeln von einem Architekten hinsichtlich der Beschreibung der einzelnen Leistungen beraten.

Bis 2004 war in Bauverträgen häufig eine Klausel enthalten, die den Bauträgern die Möglichkeit bot, Änderungen ohne weitere Absprache vorzunehmen: „Änderungen der Bauausführung sowie der Materialwahl bleiben vorbehalten, soweit sie gleichwertig sind." Diese Gleichwertigkeitsklausel ist seit einem Urteil des Bundesgerichtshofs aus dem Jahre 2004 unwirksam (Aktenzeichen: VII ZR 200/04). Als Käufer sind Sie gut beraten, solche Klauseln nicht zu akzeptieren und aus dem Vertragsentwurf zu entfernen. Falls Sie nach schwierigen und möglicherweise schon halb zum Scheitern verurteilten Verhandlungen mit dem Bauträger nicht noch einmal ein ärgerliches Thema anschneiden wollen, können Sie auch den Notar bitten, die „Gleichwertigkeitsklausel" zu kippen. Steht die Klausel dennoch im Vertrag, ist sie unwirksam. Das heißt, Sie können dem Bauträger, der sich anschickt, eine andere Bauausführung zu verwirklichen, oder Materialien beschafft, die nicht vereinbart waren, mitteilen, dass Sie auf den Vereinbarungen bestehen und dass die Gleichwertigkeitsklausel im Vertrag null und nichtig ist.

Vorsicht ist auch bei dem unschuldigen Wörtchen „bauseits" geboten. Wenn Sie als Laie dieses Wörtchen deuten und meinen, der Bauträger sei naheliegenderweise für „bauseits" zuständig, liegen Sie völlig falsch. Für alles, was unter „bauseits" beschrieben ist, kommt nicht der Bauträger auf, vielmehr wird unterstellt, dass Sie selbst auf der Bauseite stehen und „bauseits" tun und machen. Steht im Vertrag, dass „bauseits" ein Gerüst zur Verfügung gestellt wird, dann bedeutet das, dass Sie selbst dafür verantwortlich sind, ein Gerüst aufzustellen (also einen weiteren Dienstleister zu beauftragen).

Abnahme und Mängel

Das Gesetz normiert einige Vorschriften mit erheblichen Auswirkungen für den Käufer. So ist etwa der Käufer nach der Fertigstellung der Eigentumswohnung zur Abnahme der Leistung verpflichtet (§ 640 BGB). Bis zur Abnahme ist der Bauträger verpflichtet, nachzuweisen, dass er die geschuldeten Leistungen tatsächlich erbracht hat.

Die Abnahme hat weitreichende rechtliche Folgen:

- Der Auftraggeber erklärt damit die ordnungsgemäße Herstellung.
- Die Vergütung wird fällig (§ 641 BGB).
- Die vereinbarten Gewährleistungsfristen beginnen zu laufen (§ 634 a Abs. 2 BGB).
- Die Nutzungen und Lasten gehen auf den Auftragnehmer über.

Wenn Sie die vom Bauträger oder anderen Unternehmern erbrachten Leistungen ohne Erklärung eines Vorbehalts abnehmen, kann es sein, dass Sie Ihre Gewährleistungsrechte verlieren (§ 640 Abs. 2 BGB).

Bevor die Abnahme erfolgt, muss daher die Mangelfreiheit überprüft werden. Zu diesem Zweck können Sie einen Bauingenieur oder Architekten einschalten, wenn Sie sich die Überprüfung nicht selbst zutrauen. Seien Sie auf jeden Fall während der Baumaßnahmen immer neugierig, beobachten Sie alles, was auf der Baustelle passiert, und machen Sie immer wieder Fotos von Details in alle Himmelsrichtungen und in allen Bereichen des Bauwerks. Da auch ein Experte nach Fertigstellung nicht in die Mauern und Decken hineinschauen kann, kommt der Fotodokumentation eine große Bedeutung zu.

Fotodokumentation

Schon während der Bauphase können Sie gegenüber dem Auftragnehmer auf Mängel hinweisen und deren Beseitigung anmahnen. Falls dies nicht geschieht, sind wiederum Fotos bedeutsame Beweismittel.

Unter einem Mangel versteht das Gesetz

- einen Verstoß gegen die anerkannten Regeln der Bautechnik oder Baukunst (entscheidend ist der heutige Stand der Technik),

- das Fehlen vertraglich zugesicherter Eigenschaften („Eigenschaft" ist ein wertbildender Umstand des Werkes; zusichern bedeutet „dafür einstehen wollen"),

- Fehler, die den Wert oder die Tauglichkeit zu dem gewöhnlichen, vertraglich vorausgesetzten Gebrauch aufheben oder mindern.

Schiedsgutachter Häufig sehen die Verträge bei Streitigkeiten über einen Mangel zwischen Hersteller und Auftraggeber zunächst einmal vor, dass ein Schiedsgutachter bestellt wird. Daran müssen sich beide Parteien halten. Wenn der Auftraggeber mit dessen Entscheidung nicht einverstanden ist, bleibt ihm immer noch die Möglichkeit, einen eigenen Gutachter einzuschalten oder sich direkt ans Gericht zu wenden.

EXPERTENTIPP

Hüten Sie sich vor einer stillschweigenden Abnahme!

Wenn Sie Ihre Eigentumswohnung ohne Abnahme beziehen oder dort nach Schlüsselübergabe selbst Renovierungsleistungen erbringen, gilt dies bereits als Abnahme. Dies ist auch dann der Fall, wenn der Bauträger noch weitere Bauleistungen zu erbringen hat. Sollten Sie aufgrund einer verspäteten Fertigstellung der Wohnung und einer bereits gekündigten Mietwohnung frühzeitig, also noch vor der Fertigstellung, die Wohnung beziehen oder dort selbst als Heimwerker aktiv werden, müssen Sie daher gegenüber dem Auftraggeber schriftlich (Einschreiben mit Rückschein) deutlich machen, dass damit noch keine Abnahme erfolgt.

Mit der Abnahme der Leistungen ohne Beanstandung durch den Käufer kehrt sich die „Beweislast" bei Mängeln um. Nun muss nicht mehr der Auftragnehmer beweisen, dass er seinen vertraglichen Pflichten nachgekommen ist. Da der Auftraggeber ja mit der Abnahme die ordnungsgemäße Herstellung erklärt hat, muss er nun selbst mithilfe von Sachverständigengutachten nachweisen, dass doch Mängel vorhanden sind. Gutachten und Klagen können eine teure Angelegenheit sein, aus diesem Grund sollte man sehr genau darauf achten, dass bis zur Abnahme alle Leistungen korrekt erbracht werden.

Doch was soll der Käufer tun, wenn bei der Abnahme ein Mangel vorliegt? Nun stehen ihm als Auftraggeber Gewährleistungsrechte zur Verfügung, dabei kommt es immer darauf an, was im Einzelfall vereinbart worden ist. Möglich sind

Gewähr-leistung

- Nachbesserung (erneuter Versuch, den Werkvertrag zu erfüllen),
- Minderung des Kaufpreises,
- Wandlung (eine andere, bessere oder akzeptable Baulösung) oder
- Schadensersatz.

Aufforderung und Ankündigung

Ist eine Nachbesserung vereinbart oder gewollt, muss der Käufer und Auftraggeber schriftlich seine entsprechende Forderung an den Auftragnehmer stellen. Er muss den zu beseitigenden Mangel möglichst genau bezeichnen und den Auftragnehmer auffordern, die fehlenden Leistungen zu erbringen und hierfür eine angemessene Frist setzen.

Der Auftraggeber sollte gleichzeitig ankündigen, dass er nach fruchtlosem Fristablauf den Mangel selbst beseitigen oder beseitigen lassen wird – auf Kosten des Auftragnehmers. Nach Ablauf dieser Frist kann der Auftraggeber dann keine Nachbesserung mehr verlangen. Kann oder will der Unternehmer den Mangel nicht beseitigen, kann der Auftraggeber Schadensersatz oder Minderung verlangen.

Fristsetzung

Die folgende Checkliste fasst noch einmal die wichtigsten Schritte einer Abnahme zusammen:

CHECKLISTE

Abnahme der Wohnung

- Wohnung und Gemeinschaftseigentum sorgfältig auf Mängel untersuchen
- Zeugen oder sachkundige Person mitnehmen
- Abnahmeprotokoll fertigen und unterzeichnen lassen
- nicht erledigte Arbeiten und Mängel möglichst genau in das Abnahmeprotokoll aufnehmen
- bei Unsicherheit über das Vorliegen eines Mangels einen Architekten oder einen Gutachter beiziehen

EXPERTENTIPP

Bei umfangreichen Mängeln und/oder nicht ausgeführten Restarbeiten und Uneinsichtigkeit des Bauträgers sollten Sie möglichst umgehend einen Rechtsanwalt und/oder Sachverständigen einschalten.

Gewährleistungsfrist

Wenn in einem Bauvertrag nichts zur Gewährleistungsfrist enthalten ist, dann gilt die europaweit festgelegte Frist von fünf Jahren als vereinbart. Sie können jedoch auch andere Gewährleistungsfristen vereinbaren.

Zwei, vier oder fünf Jahre

Viele Standardvertragsbedingungen von Handwerkern enthalten noch eine Frist von „zwei Jahren". Darauf sollten Sie sich in einem Bauvertrag nicht einlassen, ein gewissenhafter Notar wird Sie auch darauf aufmerksam machen, dass es nicht zweckmäßig ist, eine so kurze Gewährleistungsfrist zu akzeptieren.

In den Verträgen nach der „Verdingungsordnung für Bauleistungen" – abgekürzt als VOB oder VOB/B bezeichnet –, die ein umfangreiches Regelwerk zur Bauausführung beinhaltet, ist heute eine Gewährleistungsfrist von vier Jahren vorgesehen. Diese Frist wird häufig auf fünf Jahre erweitert.

Es steht Ihnen übrigens völlig frei, noch längere Gewährleistungsfristen mit dem Bauträger zu vereinbaren. Fünf Jahre sind für ein Dach keine lange Frist, es können auch nach vier, fünf oder sechs Jahren noch baubedingte Mängel auftreten. Wenn der Mangel sechs Jahre nach der Abnahme erstmals zutage tritt, dann haben Sie bei fünf Jahren Gewährleistung keine Ansprüche mehr an den Auftragnehmer. Die Eigentümergemeinschaft muss dann bei Mängeln im Gemeinschaftseigentum für die Beseitigung aufkommen, oder Sie selbst – bei Mängeln im Sondereigentum.

Längere Fristen möglich

EXPERTENTIPP

Prüfen Sie immer etwa einen Monat, spätestens eine Woche vor dem Ende der Gewährleistungsfrist, ob Mängel vorhanden sind. Sie müssen dem Auftragnehmer innerhalb der Frist schriftlich (Einschreiben mit Rückschein) mitteilen, welche Mängel aufgetreten sind, und deren Beseitigung fordern. Nur unter dieser Voraussetzung können Sie den Auftragnehmer verklagen, wenn er Ihrer berechtigten Forderung nicht nachkommt.

Wenn Sie Ihrem Schreiben Nachdruck verleihen wollen, können Sie auch einen Fachanwalt für Miet- und Wohnungseigentumsrecht beauftragen. Das Schreiben eines Anwalts findet meist mehr Beachtung als ein Brief eines Wohnungseigentümers. Selbstverständlich können Sie den Anwalt auch beauftragen, nach erfolgloser Aufforderung des Auftragnehmers Klage einzureichen.

Darlehensvertrag und Grundschuld

Zur Finanzierung einer Eigentumswohnung muss der Käufer in der Regel einen Darlehensvertrag mit einer Bank schließen. Der Zinssatz und die Laufzeit eines Darlehens werden im Darlehensvertrag geregelt. Seit der Finanzkrise und den unerfreulichen Erfahrungen mit dem Verkauf von Kreditverträgen in Form von Wertpapieren ist es neben günstigen Zinssätzen, für den Käufer günstigen langen Laufzeiten bei niedrigen Zinssätzen sowie vorzeitigen Rückzahlungsmöglichkeiten besonders wichtig, einen

Verkauf des Vertrags auszuschließen. Lassen Sie sich bei Zweifeln vor der Unterzeichnung des Vertrages rechtlich beraten!

Grundbuch Ungefähr zeitgleich mit dem Abschluss des Kaufvertrages wird in der Regel zugunsten der Bank vor einem Notar die „Bestellung einer Brief- oder Buchgrundschuld mit Übernahme der persönlichen Haftung sowie dinglicher und persönlicher Zwangsvollstreckungsunterwerfung" beantragt. Ohne Sicherung durch Eintragung ins Grundbuch gewährt keine Bank ein höheres Darlehen.

Grundschuld Die Grundschuld kann höher sein als das tatsächlich von der Bank empfangene Darlehen. In diesem Fall ist es problemlos möglich, das Darlehen zu erhöhen (etwa um den Aufbau eines Geschäfts, die Überbrückung einer Krisensituation oder den Kauf anderer Immobilien zu finanzieren). Auch die im Darlehensvertrag genannten Zinssätze können weit über dem tatsächlich zwischen Bank und Kunden ausgehandelten Zinssatz liegen. Die Bank definiert bei der Bestellung der Grundschuld mit den Zinsen den maximalen Höchstbetrag, den sie während der Laufzeit des Darlehens möglicherweise einmal erzielen könnte.

Zwangs-vollstreckung Die Bestellung der Grundschuld beinhaltet ebenso wie der Kaufvertrag wieder martialische Passagen zur „dinglichen Zwangsvollstreckungsunterwerfung" und zur „persönlichen Haftung mit Zwangsvollstreckungsunterwerfung". All dies hat so lange keine Bedeutung, solange Sie Ihren Verpflichtungen gegenüber der Bank nachkommen. Nur dann, wenn Sie Ihren Zahlungsverpflichtungen gegenüber der Bank nicht nachkommen und in einer Krise nicht mit der Bank über das weitere Vorgehen sprechen, kann die Bank zu Zwangsvollstreckungsmaßnahmen greifen. In diesem Fall kann die Bank von allen vertraglich und gesetzlich vorgesehenen Möglichkeiten Gebrauch machen.

Mietvertrag

Wer eine Eigentumswohnung erwirbt, wird nicht immer, aber doch in etlichen Fällen quasi über Nacht zum Vermieter. Daraus ergeben sich vielfältige Rechte und Pflichten. Mietverträge lassen sich oft nur sehr schwer kündigen. Das Mietrecht bietet dem Mieter einen vergleichsweise hohen Schutz.

Ein Blick in den Mietvertrag ist ratsam, jedoch nicht immer möglich (zum Beispiel vor einem Erwerb im Rahmen einer Zwangsversteigerung).

Aus dem Mietvertrag ergeben sich:

- die Höhe des ursprünglich vereinbarten Mietzinses,
- die Anzahl der Mieter,
- die Möglichkeit oder Unmöglichkeit einer Kündigung,
- die Mietdauer (diese ist wichtig für die Kündigungsfrist),
- die Höhe einer eventuell geleisteten Kautionszahlung.

Da der Erwerber in jedem Fall in einen bestehenden Mietvertrag mit allen Rechten und Pflichten eintritt, muss er mehr wissen, als im Vertrag steht. Insbesondere sollte er sich beim Verkäufer einer vermieteten Wohnung über folgende Punkte informieren:

Zusatzinformationen

- aktuelle Miete (nach Mieterhöhungen),
- Zahlungsmoral und Mietrückstände,
- Rückstände bei der Zahlung von Nebenkosten („zweite Miete"),
- Streitigkeiten zwischen dem Mieter und dem Verkäufer,
- Mietminderungen aufgrund behaupteter Mängel,
- Streitigkeiten zwischen dem Mieter und anderen Personen (zum Beispiel anderen Wohnungseigentümern oder dem Verwalter).

Die folgende Checkliste fasst alle Punkte zusammen, die man vor dem Erwerb einer bereits vermieteten Wohnung beachten sollte:

CHECKLISTE

Bestehender Mietvertrag – wichtige Punkte

- Wann erfolgte die letzte Mieterhöhung?
- Gab bzw. gibt es Streitigkeiten zwischen Mieter und Vermieter?
- Gibt es anhängige oder abgeschlossene gerichtliche Verfahren?
- Gab es Mietminderungen? Wenn ja, warum?
- Existieren Vereinbarungen, die nicht im Mietvertrag niedergelegt sind?
- Wie steht es um die Zahlungsmoral des Mieters (regelmäßige Zahlung der Miete)?
- Gab es in der Vergangenheit Mieterwechsel?
- Bestehen Mietrückstände? Wenn ja, wie hoch sind diese?
- Gibt es ausstehende Nebenkostenabrechnungen?
- Wurde eine Kaution (Anlage) bezahlt?
- Wie alt ist der Mieter, gibt es Familie, Kinder (in diesem Fall ist eine Kündigung aufgrund von Härtegründen problematisch)?
- Liegt eine erlaubte oder unzulässige Untervermietung vor?
- Wurden bauliche Veränderungen vorgenommen (Rückbaupflicht)?
- Welche Einrichtung befindet sich in der Mietwohnung (Küchenzeile, Einbauschränke, die dem Mieter gehören)?

Zwangsversteigerung und Mietverhältnis

Sonder-
kündigungs-
recht

Beim Erwerb in einer Zwangsversteigerung sollte der Interessent versuchen, bei einem bestehenden Mietverhältnis mit dem Mieter in Kontakt zu treten. Grundsätzlich steht dem Ersteigerer zwar ein – nicht besonders wirksames und in der Praxis oft kaum durchsetzbares – Sonderkündigungsrecht zur Verfügung. Ein vorheriges Gespräch mit dem aktuellen Mieter kann dem Erwerber jedoch Klarheit darüber verschaffen, ob bei einer beabsichtigten Kündigung großer Widerstand zu erwarten ist oder eine einvernehmliche Regelung (zum Beispiel Auszug gegen Abfindung) möglich sein wird.

Das Zwangsversteigerungsrecht gewährt dem Ersteigerer ein Sonderkündigungsrecht gegenüber dem Mieter, der die Wohnung bewohnt (§ 57 a ZVG). Dieses Kündigungsrecht muss ab Wirksamkeit des Zuschlages zum nächstmöglichen Termin unter Einhaltung der gesetzlichen Frist (§ 573 c BGB) erklärt werden, ansonsten verfällt es. Diese Frist beträgt grundsätzlich bei normalem Wohnraum die ersten Jahre drei Monate, nach fünf Jahren Mietdauer sechs Monate und nach acht Jahren Mietdauer neun Monate.

Fristen

Nach Ablauf dieser Frist kann nur noch nach den allgemeinen – sehr eingeschränkten gesetzlichen Vorgaben – gekündigt werden. Aber auch dieses Sonderkündigungsrecht wird durch die allgemeinen Mieterschutzbestimmungen beschränkt (§ 573 d in Verbindung mit §§ 573, 573 a BGB und § 574 BGB). Auch der Erwerber in der Zwangsversteigerung muss daher ein berechtigtes Interesse haben und es in seinem Kündigungsschreiben darlegen.

Mieterschutz

Ist an der Wohnung erst nach Überlassung an den Mieter Wohnungseigentum begründet worden, so gilt darüber hinaus für die Kündigung auch noch die Sperrfrist des § 577a BGB (drei Jahre nach Begründung), da auch der Zuschlag als „Veräußerung" im Sinne dieses Paragrafen gilt.

Sperrfrist

Zu beachten sind darüber hinaus die im Wohnungsbindungsgesetz vorgesehenen Kündigungs- und Nutzungseinschränkungen. Eine wirkliche Erleichterung bietet dieses Sonderkündigungsrecht im Gesetz über die Zwangsversteigerung und Zwangsverwaltung (ZVG) daher nicht.

Bei sich hartnäckig gegen die Beendigung des Mietverhältnisses wehrenden Mietern muss sich der Erwerber auf einen langen Rechtsstreit oder die Weiterführung des nicht gewollten Mietverhältnisses einstellen. Dies kostet in jedem Fall Geld, Zeit und Nerven.

GUT ZU WISSEN

Kaution – Forderung und Rückzahlung

Als neuer Eigentümer einer vermieteten Wohnung können Sie vom Mieter eine vereinbarte, aber noch nicht geleistete Kaution verlangen. Der Mieter muss Ihnen dann die Kaution zahlen. Eine bereits an den Voreigentümer gezahlte Kaution können Sie nicht noch einmal vom Mieter fordern, da müssen Sie sich schon an den Voreigentümer wenden.

Am Ende des Mietverhältnisses spielt es keine Rolle, ob Sie als Ersteigerer oder Käufer vom Voreigentümer die Kaution des Mieters erhalten haben oder nicht: Als neuer Vermieter sind Sie nach Beendigung des Mietverhältnisses zur Auszahlung der Kaution an den Mieter verpflichtet (§ 566 a BGB)!

KAPITEL 8

Die Eigentümergemeinschaft

Die Verwaltung einer Wohnungseigentumsanlage ist eine komplexe Angelegenheit mit zahlreichen Akteuren (Eigentümer, Verwalter, Verwaltungsbeirat) und birgt großes Konfliktpotenzial.

Wer sich als Eigentümer nicht auskennt, wer zum falschen Zeitpunkt oder in falscher Form Forderungen stellt oder wer immer wieder die Eigentümerversammlung versäumt, muss damit rechnen, dass er keine Chance hat, berechtigte Anliegen vorzubringen und entsprechende Beschlüsse durchzusetzen. Umgekehrt gilt: Wer kooperativ und kompromissbereit bei der Lösung von Problemen mitarbeitet und sich tatkräftig für die gemeinsamen Interessen aller Eigentümer einsetzt, hat gute Chancen, auch mal eine Mehrheit für eine unpopuläre Entscheidung zu seinen Gunsten zu erzielen.

Diplomatie

IN DIESEM KAPITEL ERFAHREN SIE,

– wer für die Hausverwaltung zuständig und verantwortlich ist,
– wie der Hausverwalter gewählt wird und
– wie die Eigentümerversammlung Beschlüsse fasst.

Nachdem Sie Eigentum an einer Wohnung erworben haben, sei es durch Kauf, Versteigerung, Erbfall oder Schenkung, werden Sie als neuer Eigentümer von einer wichtigen Person in der Wohnungseigentümergemeinschaft – dem Verwalter – begrüßt. Sie müssen sich jedoch als Wohnungseigentümer immer wieder vor Augen halten, dass Sie selbst gemeinsam mit allen Eigentümern die „Herren der Verwaltung" sind. Die Eigentümer bestimmen, wer die Verwaltung ihres Vermögens, das heißt der Wohnanlage, übernehmen soll.

Verwaltung

Verwaltungs-organ

Der Verwalter ist alles andere als ein für immer installierter Alleinherrscher, der gegen die Interessen der Eigentümer tun und lassen kann, was er will. Im Gegenteil: Der Verwalter ist nur ausführendes Organ und der Wohnungseigentümergemeinschaft zu Rechenschaft und Information verpflichtet.

Das Wohnungseigentumsgesetz (WEG) sieht für die Verwaltung des gemeinschaftlichen Eigentums drei Verwaltungsorgane vor:

- die Wohnungseigentümergemeinschaft, deren Mitglieder ihre Entscheidungen in der Eigentümerversammlung treffen;

- den Verwalter, der von der Wohnungseigentümerversammlung gewählt wird und als ausführendes Verwaltungsorgan die Beschlüsse der Gemeinschaft als deren „verlängerter Arm" umsetzt (lediglich der erste Verwalter wird nicht von der Eigentümergemeinschaft, sondern vom Aufteiler bzw. Bauträger eines Hauses bestimmt); und

- den Verwaltungsbeirat, der von den Wohnungseigentümern aus den eigenen Reihen gewählt wird und der den Verwalter bei seiner Arbeit durch Informationen und Prüfung der Abrechnungsunterlagen sowie Beschlussempfehlungen unterstützt.

Gemeinschaftliche Verwaltung durch die Eigentümer

Die Verwaltung des Gemeinschaftseigentums steht den Wohnungseigentümern in der Regel gemeinschaftlich zu. Die Bestellung eines Verwalters kann grundsätzlich nicht ausgeschlossen werden, denn: Der Verwalter ist ein unabdingbar notwendiges Organ der Gemeinschaft der Wohnungseigentümer. Ohne Verwalter ist die Eigentümergemeinschaft nicht in der Lage, gegenüber Behörden und Ämtern zu handeln, ihre Interessen vor Gericht zu vertreten oder Verträge mit Versicherungen und Firmen abzuschließen.

Für Verwaltungsmaßnahmen ist grundsätzlich die Zustimmung der Wohnungseigentümergemeinschaft in Form von Beschlüssen erforderlich, die in der Eigentümerversammlung gefasst werden. Unvorhergesehene Reparaturen am Gemeinschaftseigentum – beispielsweise die Beseitigung eines Sturmschadens am Dach – können allerdings nicht vorab beschlossen werden. In diesem Fall muss der Verwalter ohne vorherigen Beschluss der Gemeinschaft die notwendige Reparatur in Auftrag geben, um größeren Schaden vom Haus abzuwenden.

Die Eigentümerversammlung: von der Einberufung zum Beschluss

Einberufung der Eigentümerversammlung

Der Verwalter ist nach dem Wohnungseigentumsgesetz zur Einberufung der Eigentümerversammlung in jedem Wirtschaftsjahr verpflichtet. Das Wirtschaftsjahr kann, muss aber nicht vom Kalenderjahr abweichen. Weigert sich der Verwalter oder ist kein Verwalter bestellt, kann auch der Vorsitzende des Verwaltungsbeirats, sein Stellvertreter oder ein Mitglied des Beirats die Eigentümerversammlung einberufen. Wenn der Verwaltungsbeirat nur aus einem Mitglied besteht, ist in diesem Fall auch dieses einzelne Mitglied berechtigt, ja sogar verpflichtet, Eigentümerversammlungen einzuberufen, um einen möglichen Schaden von der Wohnungseigentümergemeinschaft abzuwenden. Der Verwalter muss auch immer dann eine Versammlung einberufen, wenn dies von mehr als einem Viertel der Wohnungseigentümer unter Angabe des Zwecks und der Gründe verlangt wird.

Wirtschaftsjahr

Teilnahmerecht und Vertretung

Wenn Sie Eigentum an einer Wohnung erworben haben, können Sie häufig erst dann an einer Versammlung teilnehmen und über die Beschlüsse abstimmen, wenn Sie im Grundbuch als vollwertiger Eigentümer eingetragen sind. Eine Auflassungsvormerkung reicht meist genauso wenig wie der Abschluss eines Kaufvertrags vor dem Notar.

Gemeinschaftsordnung Nach der ständigen Rechtsprechung ist ein Käufer oder Beschenkter aus eigenem Recht nicht berechtigt, in der Wohnungseigentümerversammlung abzustimmen, solange noch keine Eintragung ins Grundbuch erfolgt ist. Der Käufer kann sich jedoch häufig durch den Verkäufer ermächtigen lassen, in der Versammlung abzustimmen. Diese Bevollmächtigung ist aber nur dann wirksam, wenn die Gemeinschaftsordnung eine solche zulässt. Ist nach der Gemeinschaftsordnung, was nicht selten vorkommt, als Vertreter anderer Eigentümer lediglich ein Ehegatte oder der Verwalter zugelassen, kann ein Käufer oder Beschenkter nicht mit der Ermächtigung des Verkäufers an der Eigentümerversammlung teilnehmen oder mitstimmen.

Vertretungsregelung Die Vertretung in der Wohnungseigentümerversammlung kann auch durch eine entsprechende Vereinbarung eingeschränkt werden. Solche Beschränkungen sind vielfach in den Teilungserklärungen mit dem Inhalt enthalten, dass eine Vertretung nur durch Ehegatten, Miteigentümer oder durch den Verwalter zulässig ist. Gibt es eine solche Regelung in der Teilungserklärung, kann der neue Eigentümer, der noch nicht im Grundbuch eingetragen ist, den alten Eigentümer in einer Eigentümerversammlung nicht vertreten.

Auch wenn die Teilungserklärung es zulässt, dass ein Dritter, hier der Käufer, den Eigentümer vertreten darf, muss dieser in der Versammlung Rücksicht auf den Verkäufer nehmen. Er darf an keinen Entscheidungen mitwirken, die zulasten des Verkäufers gehen.

Wenn Sie eine Eigentumswohnung per Erbschaft oder Zwangsversteigerung erworben haben, sind Sie sofort berechtigt, in der Wohnungseigentümerversammlung abzustimmen, aber auch verpflichtet, Hausgeld zu zahlen. Die Eintragung im Grundbuch ist in diesem Fall keine erforderliche Voraussetzung für die Stimmberechtigung in der Eigentümerversammlung.

Eheleute und Paare Ein Verwalter muss bei Eheleuten und Paaren einer nichtehelichen Lebensgemeinschaft, die anteilig Eigentümer einer Wohnung und als solche auch im Grundbuch eingetragen sind, beide Partner zur Eigentümerversammlung einladen. Abstimmen dürfen sie jedoch nur mit einer Stimme.

Formalien bei der Einladung

Wenn der Verwalter nicht alle im Grundbuch eingetragenen Eigentümer eingeladen hat, werden die in dieser Eigentümerversammlung gefassten Beschlüsse nicht automatisch unwirksam. Ein Beschluss, der unter solchen Voraussetzungen zustandekommt, ist, kann jedoch von einem Eigentümer angefochten werden (Achtung: Hier ist die Frist von einem Monat ab der Eigentümerversammlung zu beachten!).

Anfechtung eines Beschlusses

Der Verwalter ist verpflichtet, die Eigentümerversammlung mit einer Frist von mindestens zwei Wochen einzuberufen. Eine Fristverkürzung ist möglich, wenn dringende Themen anstehen, über die ein sofortiger Beschluss gefasst werden muss (zum Beispiel dringende Reparatur und Sonderumlage).

Frist: zwei Wochen

Den Ort und Termin der Versammlung legt der Verwalter fest. Die Termine müssen verkehrsüblich sein, also so liegen, dass den Wohnungseigentümern die Teilnahme nicht unnötig erschwert wird. Die Versammlung darf beispielsweise nicht um Mitternacht beginnen. Ein Versammlungsbeginn am späten Nachmittag oder frühen Abend ist üblich. Erfolgt eine Einberufung zur „Unzeit" (z.B. Mitternacht), kann dies ein ausreichender Grund sein, um Versammlungsbeschlüsse rechtswirksam anzufechten.

Ort und Termin

GUT ZU WISSEN

Grundsätzlich sollte die Versammlung am Ort der Wohnungseigentumsanlage stattfinden. Nicht zulässig ist die Einberufung am Sitz des Verwalters oder an einem Ort, an dem die Mehrheit der vermietenden Wohnungseigentümer ihren Wohnort hat. Auch wenn die meisten Eigentümer einer Wohnanlage zum Beispiel in Leipzig in Hamburg wohnen, kann die Eigentümerversammlung nicht in Hamburg stattfinden.

Raum Was in einer Wohnungseigentümerversammlung besprochen und beschlossen wird, geht außer den Eigentümern niemanden etwas an. Es handelt sich um eine Veranstaltung, die nicht der Öffentlichkeit zugänglich ist. Daher sind Räumlichkeiten zu wählen, die sicherstellen, dass die Versammlung unter Ausschluss der Öffentlichkeit stattfinden kann. Es ist nicht zulässig, die Versammlung im Gastraum eines Restaurants abzuhalten, der für die Allgemeinheit zugänglich ist.

GUT ZU WISSEN

Ein neuer, noch nicht im Grundbuch eingetragener Eigentümer kann in Begleitung des alten Wohnungseigentümers an der Eigentümerversammlung teilnehmen. Die übrigen Wohnungseigentümer können dem neuen Eigentümer die Teilnahme an der Versammlung in diesem Fall nur durch Mehrheitsbeschluss verweigern.

Tages-ordnung Zusammen mit der Einladung muss die Verwaltung auch die Tagesordnung verschicken. Es können nur solche Beschlüsse rechtswirksam gefasst werden, die in der Tagesordnung hinreichend beschrieben sind. Die Wohnungseigentümer müssen diesen Angaben entnehmen können, was Gegenstand der beabsichtigten Beschlussfassung ist, damit sie sich vorher hinsichtlich möglicher Folgen hinreichend informieren können und vor Überraschungen sicher sind.

Themen Es ist jedoch nicht erforderlich, dass der Tagesordnung alle Einzelheiten des Beschlussgegenstandes entnommen werden können. Es reicht aus, wenn man den kurzen und knappen Angaben der Tagesordnung entnehmen kann, um welchen Komplex es sich handelt (zum Beispiel: Reparatur, Rolltor, Tiefgarage).

TOPs Beschlussfassungen unter dem Tagesordnungspunkt „Verschiedenes" oder „Sonstiges" sind nicht zulässig. Erfolgt dazu dennoch ein Beschluss, so ist dieser nicht automatisch nichtig. Ein Eigentümer muss dagegen innerhalb von einem Monat mit einer Anfechtung vor Gericht vorgehen.

EXPERTENTIPP

Wer als Eigentümer einen Beschlussantrag stellt, ist gut beraten, den anderen Eigentümern möglichst frühzeitig gute und erschöpfende Entscheidungsgrundlagen zur Verfügung zu stellen und vom Verwalter bereits mit der Tagesordnung versenden zu lassen. So können sich andere Eigentümer eine eigene Meinung bilden, eigene Informationen einholen und sich mit anderen Eigentümern vorab besprechen und abstimmen.

Soll in einer Eigentümerversammlung etwa beschlossen werden, dass einem Wohnungseigentümer das Wohneigentum entzogen wird, dann muss dieser Sachverhalt aus der Einladung zur Eigentümerversammlung klar hervorgehen. Es muss für jeden Eigentümer erkennbar sein, dass der Entzug des Wohneigentums zum Beispiel aufgrund anwachsender Hausgeldrückstände erfolgen soll.

Vorsitz und Dauer der Versammlungen

Den Vorsitz in der Eigentümerversammlung führt meist der Verwalter. In der Regel kann der Verwalter einen Angestellten mit der Durchführung der Versammlung beauftragen. Durch Geschäftsordnungsbeschluss kann die Eigentümerversammlung jedoch auch dem Vorsitzenden des Verwaltungsbeirats oder einem Wohnungseigentümer, eventuell auch einem neutralen Dritten – zum Beispiel einem im Wohnungseigentumsrecht versierten Anwalt – die Versammlungsleitung übertragen. Dies bietet sich immer dann an, wenn der Verwalter im Kreuzfeuer der Kritik steht, wegen erheblichen Fehlverhaltens abgelöst werden soll oder es um schwierige und kostenintensive Beschlüsse geht. Die Wahl des Versammlungsvorsitzenden muss nicht in der Tagesordnung angekündigt werden, sie ist auch nicht anfechtbar. *(Durchführung)*

Die Teilnehmer der Eigentümerversammlung können per Beschluss die Redezeit begrenzen. Damit wird in der Regel gewährleistet, dass die Versammlung nicht ausufert. *(Redezeit)*

Versammlungen, die übermäßig lang dauern, können angefochten werden, da die Aufmerksamkeit bei den entsprechenden Beschlüssen leidet (zum Beispiel Beschlüsse, die nach 24.00 Uhr zustandekommen). In der Regel sollten Eigentümerversammlungen an Werktagen nicht vor 17.00 Uhr und an Samstagen nicht vor 16.00 Uhr stattfinden. An Sonn- und Feiertragen darf die Versammlung nicht vor 12.00 Uhr anberaumt werden.

Beschlussfähigkeit und Mehrheiten

Quorum: 50 Prozent

Um wirksame Beschlüsse zu treffen, müssen zur Versammlung genügend Eigentümer erscheinen. Aus diesem Grunde muss der Verwalter zu Beginn jeder Wohnungseigentümerversammlung die Beschlussfähigkeit feststellen. Die Eigentümerversammlung ist beschlussfähig, wenn mehr als die Hälfte der Miteigentumsanteile durch anwesende oder vertretene stimmberechtigte Wohnungseigentümer repräsentiert werden (§ 25 Abs. 3 WEG).

Die Beschlussfähigkeit muss nicht nur zu Beginn der Versammlung bestehen, sondern auch zu jedem späteren Zeitpunkt einer Beschlussfassung. Der maßgebliche Zeitpunkt für die Beschlussfähigkeit ist jeweils jener der konkreten Beschlussfassung zu jedem Tagesordnungspunkt.

Oft brechen einzelne Eigentümer bei länger andauernden Versammlungen vor deren Ende auf. Der Verwalter muss deshalb im Auge behalten, ob die Beschlussfähigkeit noch gegeben ist. Ist das nicht mehr der Fall, dann sind die Beschlüsse gerichtlich anfechtbar.

EXPERTENTIPP

Wenn Sie feststellen, dass Wohnungseigentümer die Versammlung verlassen haben, können Sie beantragen, dass die Beschlussfähigkeit erneut festgestellt wird. Sie vermeiden damit, dass Beschlüsse mit dem Argument der Beschlussunfähigkeit angefochten werden können. Bei Fehlern haftet Ihr Verwalter. Das heißt, dass dieser zum Beispiel die Kosten eines deswegen geführten Rechtsstreites und auch einen sonst hierdurch entstandenen Schaden ertragen hat.

Wird das Quorum (500 Tausendstel der vertretenen Miteigentumsanteile) nicht erreicht, ist die Versammlung nicht beschlussfähig. Das bedeutet, dass eine Wiederholungsversammlung einberufen werden muss. Die Besonderheit einer solchen Zweitversammlung besteht darin, dass in ihr unabhängig von der Beschlussfähigkeit abgestimmt werden kann.

Zweitversammlung

Eine „Eventualeinberufung" – also die vorsorgliche Einberufung einer Versammlung für denselben Tag zu einem späteren Termin – bereits in der ursprünglichen Einladung ist nur zulässig, wenn die Teilungserklärung oder die Gemeinschaftsordnung diese Möglichkeit vorsieht. Lässt der Verwalter trotz erkennbarer Beschlussunfähigkeit in der Erstversammlung abstimmen, so macht er sich im Falle einer erfolgreichen Beschlussanfechtung wiederum schadensersatzpflichtig.

Ob ein Beschluss einstimmig oder in Form eines Mehrheitsbeschlusses gefasst werden muss, hängt von den einzelnen zu regelnden Maßnahmen ab. Eine einstimmige Beschlussfassung ist gegebenenfalls erforderlich, wenn eine bauliche Maßnahme beschlossen werden muss, die über die reine Instandhaltung hinausgeht (§ 22 WEG).

Einstimmigkeit

Mit einfacher Mehrheit kann dagegen über die Entlastung des Verwalters abgestimmt werden. Auch alle Angelegenheiten ordnungsgemäßer Verwaltung sind mit einfacher Mehrheit zu beschließen: so zum Beispiel kleinere Anschaffungen und Reparaturen, der Hausmeistervertrag, der Abschluss von Versicherungen (Haus- und Gebäudeversicherung), der Wirtschaftsplan und die Jahresgesamt- und Einzelabrechnung, die Verteilung der Betriebskosten des Gemeinschaftseigentums im Sinne der Betriebskostenverordnung (BetrKV), die Kosten der Verwaltung (Verwaltervergütung), die Art und Weise der Hausgeldzahlung, die Umzugskostenpauschale sowie die Kosten für besonderen Verwaltungsaufwand.

Einfache Mehrheit

Über bestimmte Dinge wiederum kann die Eigentümerversammlung nicht einmal mit einem einstimmigen Beschluss entscheiden. So kann die Versammlung nicht über eine Änderung der Teilungserklärung oder des Gemeinschaftseigentums beschlie-

Unwirksame Beschlüsse

ßen. Hierzu ist die Zustimmung aller Eigentümer erforderlich, auch jener Eigentümer, die gerade nicht anwesend sind. Alle Eigentümer müssen in diesem Fall zum Notar gehen und ihre Zustimmung zur Änderung unterzeichnen. Erst dann, wenn eine solche Änderung nach Zustimmung aller Eigentümer im Grundbuch eingetragen ist, ist sie auch rechtswirksam. Man spricht daher von einer Vereinbarung, nicht von einem Beschluss. Die Eigentümerversammlung kann Änderungen dieser Art durch Diskussionen und die Bearbeitung von Änderungsvorschlägen vorbereiten und so die Wahrscheinlichkeit einer Zustimmung aller Eigentümer testen.

EXPERTENTIPP

Schauen Sie in die Teilungserklärung: Mehrheitsbeschlüsse sind immer dann zulässig, wenn es entsprechende Regelungen gibt oder wenn es sich um Maßnahmen der ordnungsgemäßen Verwaltung handelt.

Wie oft tagt die Eigentümerversammlung?

Die Eigentümerversammlung muss mindestens einmal jährlich stattfinden. Die Eigentümer beschließen die Entlastung des Verwalters für das vergangene Jahr, mit diesem Beschluss wird die Abrechnung des Verwalters als richtig bestätigt. Die Wohnungseigentümer bestätigen damit auch, dass die Leistung des Verwalters in der abgelaufenen Abrechnungsperiode ordnungsgemäß erfolgt ist.

GUT ZU WISSEN

Der Verwalter ist verpflichtet, zu einem bestimmten Zeitpunkt während des Wirtschaftsjahres Rechnung zu legen, das heißt eine aktuelle Aufstellung der Einnahmen und Ausgaben bis zu einem bestimmten Stichtag anzufertigen, wenn die Eigentümerversammlung dies durch Mehrheitsbeschluss verlangt.

Mehrere Häuser – eine Gemeinschaft

Grundsätzlich wird eine Wohnanlage, die aus mehreren einzelnen Häusern besteht, als eine Gemeinschaft behandelt. Die Beschlussfassung erfolgt also in einer Versammlung aller Wohnungseigentümer.

Etwas anderes gilt nur für den Fall, dass die Teilungserklärung oder die Gemeinschaftsordnung getrennte Verwaltungen, auch hinsichtlich einzelner Maßnahmen, vorsieht. Durch Mehrheitsbeschluss kann die Eigentümergemeinschaft von einer solchen Regelung nicht abweichen, denn es handelt sich hier um Vorschriften der Gemeinschaftsordnung bzw. der Teilungserklärung.

GUT ZU WISSEN

Getrennte Beschlussfassungen für einzelne Häuser einer Wohnanlage durch die Eigentümer sind nach herrschender Rechtsmeinung auch ohne ausdrückliche Regelung in der Teilungserklärung zulässig, soweit es um Angelegenheiten geht, die nur ein einzelnes Haus oder einen einzelnen Eigentümer betreffen.

Beschlussfassung und Anfechtung

Grundsätzlich genügt zur Annahme eines Beschlussantrages die Mehrheit der in der Eigentümerversammlung erschienenen und stimmberechtigten Wohnungseigentümer. Wenn die Gemeinschaftsordnung eine andere Mehrheit vorsieht, etwa eine Zweidrittel- oder eine Dreiviertel-Mehrheit (beispielsweise für den Entzug des Wohnungseigentums gemäß § 18 Abs. 3 WEG), dann reicht die einfache Mehrheit nicht aus. Bei allen anderen Beschlüssen zur ordnungsgemäßen Versammlung genügt die Stimmmehrheit der in der Versammlung erschienenen und stimmberechtigten Wohnungseigentümer.

Zweidrittel-Mehrheit

GUT ZU WISSEN

Wenn in der Eigentümerversammlung bei einem Beschluss die Auszählung der Stimmen ergibt, dass genauso viele Ja- wie Nein-Stimmen vorhanden sind („Patt-Situation"), dann ist der Antrag genauso abgelehnt wie bei einer überwiegenden Zahl von Nein-Stimmen. Stimmenthaltungen sind in der Regel keine Gegenstimmen. Etwas anderes gilt nur, wenn die Eigentümer eine entsprechende Vereinbarung getroffen haben.

Wird eine Versammlung trotz Beschlussunfähigkeit durchgeführt, sind die in dieser Versammlung gefassten Beschlüsse nicht automatisch unwirksam, sondern lediglich anfechtbar. Sie müssen also durch das Gericht (WEG-Gericht beim Amtsgericht) für ungültig erklärt werden.

Anfechtbarkeit Voraussetzung für die Anfechtbarkeit ist, dass die Beschlussunfähigkeit ursächlich dafür ist, dass ein Beschluss so und nicht anders gefasst wurde. Es ist also zu prüfen, ob der Beschluss bei Beschlussfähigkeit der Gemeinschaft so nicht zustandegekommen wäre. Dieser Nachweis ist aber nur schwer zu führen; ein erster Anschein spricht zunächst immer dafür, dass der Beschluss so nicht gefasst worden wäre.

Verkündung Häufig vergisst der Verwalter, die Beschlüsse nach der Abstimmung formell zu verkünden. Die Verkündung muss der Verwalter als Versammlungsleiter im Protokoll festhalten. Die Bekanntgabe des Beschlussergebnisses hat nicht nur feststellende, sondern auch inhaltsfixierende Bedeutung. Der Verwalter stellt also fest, dass und mit welchem konkreten Inhalt ein Eigentümerbeschluss zustandegekommen ist. Tut er das nicht, kommt grundsätzlich kein Beschluss zustande.

GUT ZU WISSEN

Bedenken Sie, dass nur bei einer entsprechenden Verkündung ein wirksamer Beschluss zustandekommt. Der Versammlungsleiter – egal, ob das der Verwalter oder eine andere Person ist – muss das Ergebnis der Beschlussfassung verkünden, also laut und deutlich den anwesenden Eigentümern mitteilen und im Protokoll festhalten: „Der Antrag ist beschlossen/abgelehnt worden." Fehlt diese Verkündigung, ist das ein möglicher Anfechtungsgrund.

Monatsfrist

Sind Sie als Wohnungseigentümer mit dieser Beschlussfeststellung nicht einverstanden, so können Sie diesen Beschluss innerhalb einer Frist von einem Monat bei dem zuständigen WEG-Gericht anfechten. Anderenfalls wird dieser Beschluss rechtskräftig. Zwar erwachsen grundsätzlich Beschlüsse dann nicht in Rechtskraft, wenn sie an einem sogenannten „absoluten Nichtigkeitsgrund" leiden. Die entsprechenden Maßnahmen sind aber gleichwohl zu ergreifen, und vorsichtshalber sollten Sie entsprechenden Rechtsrat unbedingt innerhalb der Monatsfrist einholen.

Ablehnung ist Beschluss

Auch einem „negativen Abstimmungsergebnis" kommt Beschlussqualität zu. Die Ablehnung eines Antrags bedeutet, dass der Beschluss nicht realisiert werden soll. Wenn ein Eigentümer beantragt, dass eine entsprechende Handlung – etwa eine Sanierungsmaßnahme – unterlassen werden soll, wird ein solcher Antrag bei mehrheitlicher Annahme durch die Eigentümer zu einem Beschluss. Auch gegen einen solchen Negativbeschluss können Sie innerhalb von einem Monat nach der Versammlung eine Anfechtung beim zuständigen Gericht einlegen.

Ergänzungsklage

Allerdings ist zu beachten, dass bei einer erfolgreichen Anfechtung eines negativen Beschlusses dieses Urteil nicht automatisch zu einem positiven Beschluss führt. Wenn das Gericht einen Negativbeschluss (Ablehnung einer bestimmten Maßnahme) aufhebt, resultiert daraus nicht sogleich, dass die abgelehnte Maßnahme nun doch beschlossen ist. Soll aus dem negativen Beschluss ein positiver werden, so ist die Klage auf Ungültigkeitserklärung gegen einen negativen Beschluss mit einer Ergänzungsklage auf Feststellung eines positiven Beschlusses zu verbinden.

GUT ZU WISSEN

Sie sollten darauf achten, dass der Verwalter nicht zu Unrecht eine positive Beschlussfassung oder Beschlussannahme feststellt. Wenn ihm Fehler unterlaufen, ist der Hausverwalter den Wohnungseigentümern jedoch grundsätzlich zu Schadensersatz verpflichtet.

Instandhaltung oder Modernisierung

Bei Abstimmungen über bauliche Veränderungen ist vorab die Frage zu beantworten, ob sich die zu beschließende Maßnahme als Instandsetzung bzw. Instandhaltung oder als darüber hinausgehende modernisierende Veränderungsmaßnahme darstellt.

- Im ersten Fall ist die Maßnahme zwar gemäß § 22 Abs. 1 WEG zustimmungspflichtig, sie kann aber mit einfacher Mehrheit beschlossen werden.

- Wenn dagegen modernisierende bauliche Veränderungsmaßnahmen durchgeführt werden sollen, wird eine qualifizierte Mehrheit der Stimmen benötigt. Hier müssen mindestens 75 Prozent der stimmberechtigten Wohnungseigentümer (Kopfteile) abstimmen und mehr als 50 Prozent der Miteigentumsanteile erreicht werden.

EXPERTENTIPP

Wenn eine bauliche Veränderung beschlossen werden soll, sollten Sie auf jeden Fall darauf achten, dass die Zustimmung aller durch den Beschluss möglicherweise oder tatsächlich benachteiligten Eigentümer herbeigeführt wird.

Stimmrecht: Abstimmung in der Regel nach Köpfen

Das Stimmrecht in der Eigentümerversammlung richtet sich fast immer nach dem Kopfprinzip: Jeder Wohnungseigentümer hat eine Stimme (§ 25 Abs. 2 WEG). Gehört eine Wohnung mehreren Eigentümern gemeinschaftlich (beispielsweise einem Ehepaar jeweils zur ideellen Hälfte), können sie das Stimmrecht nur gemeinsam ausüben. Nimmt nur einer der Partner an der Wohnungseigentümerversammlung teil, kann er das Stimmrecht auch ohne Vollmacht des anderen ausüben. Nach dem Kopfprinzip hat ein Eigentümer, dem mehrere Wohnungen gehören, ebenfalls nur eine Stimme. Das Kopfstimmrecht ist gesetzlich vorgeschrieben.

Kopfprinzip

Diese Regelung ist jedoch abdingbar, das heißt, es kann auch eine abweichende Stimmrechtsregelung in der Teilungserklärung oder in der Gemeinschaftsordnung getroffen werden.

Bei abweichend getroffenen Stimmrechtsregelungen handelt es sich zumeist um die Anwendung des Wert- bzw. Anteilsprinzips oder des Objektprinzips. Das Stimmrecht richtet sich dabei entweder nach der Höhe der Miteigentumsanteile (Wertprinzip) oder nach der Zahl der Wohnungen (Objektprinzip).

Anteilsprinzip

Eine abweichende Stimmrechtsregelung wird vorrangig damit begründet, dass dem höheren wirtschaftlichen Wert einer größeren Wohnung oder mehrerer Wohnungen, die sich in der Hand eines Wohnungseigentümers befinden, durch einen höheren Stimmenanteil Rechnung getragen werden soll. Wer Eigentum besitzt, soll also auch über einen entsprechend größeren Einfluss auf die Verwaltung verfügen. Allerdings ist hier zu bedenken, dass eine Stimmrechtsregelung, die vom gesetzlichen Kopfprinzip abweicht und stattdessen das Wert- oder Objektprinzip zugrundelegt, dazu führen kann, dass ein einzelner Eigentümer, der mehrere Wohnungen oder die Mehrheit der Wohnungen besitzt, die Stimmenmehrheit auf sich vereinigt und so Beschlüsse nach seinen Vorstellungen durchsetzen und dadurch die anderen Wohnungseigentümer beherrschen kann.

Objektprinzip

**Stimmen-
übergewicht**

Ein solches Stimmenübergewicht stellt noch nicht automatisch einen Rechtsmissbrauch dar, der automatisch dazu führen könnte, dass so zustandegekommene Beschlüsse schon von vornherein ungültig wären. Selbst wenn ein Mehrheitsbeschluss durch die Ausübung der Stimmen rechtsmissbräuchlich wäre, führt das allein noch nicht zur Unwirksamkeit des Beschlusses.

Auch hier gilt wieder der Grundsatz: Es ist eine Anfechtung innerhalb von einem Monat vor Gericht erforderlich, um eine Aufhebung eines Beschlusses zu erreichen. In solchen Fällen ist juristisch zu prüfen, ob eine Majorisierung mit dem Ziel der rechtsmissbräuchlichen Beeinflussung von Beschlüssen vorgelegen hat.

Ausschluss vom Stimmrecht

Rechtsstreit

In bestimmten Fällen können Eigentümer vom Stimmrecht ausgeschlossen werden (§ 25 Abs. 5 WEG). Das ist dann der Fall, wenn beispielsweise ein Eigentümer einen Handwerksbetrieb führt und die Gemeinschaft ihn mit Instandsetzungs- oder Instandhaltungsmaßnahmen beauftragen möchte. Ähnliches gilt, wenn es um die Einleitung eines Rechtsstreits gegen einen Wohnungseigentümer geht (zum Beispiel wegen rückständiger Wohngelder oder zweckwidriger Benutzung seines Wohnungseigentums).

**Pflicht-
verletzung**

Einen weiteren Stimmrechtsausschluss sieht das Gesetz zudem für den Fall der Entziehung des Wohnungseigentums vor, also wenn ein Eigentümer aufgrund gröblicher Verletzung seiner Pflichten gegenüber der Gemeinschaft oder größerer Hausgeldrückstände zur Veräußerung seiner Eigentumswohnung veranlasst werden soll (§ 18 WEG).

Verwalter

Besitzt der Verwalter selbst eine Wohnung in dem von ihm verwalteten Haus oder wurden ihm von anderen Eigentümern Stimmrechtsvollmachten erteilt, ist er mit seiner oder mit den ihm übertragenen Stimmen stimmberechtigt – auch wenn es um seine eigene Bestellung oder Abberufung geht. Vom Stimmrecht ausgeschlossen ist der Verwalter allerdings, wenn über seine

Entlastung oder über die Jahresgesamtabrechnung und seine Entlastung gleichzeitig entschieden werden soll. In einem solchen Fall kann der Verwalter für die ihm übertragenen Stimmrechtsvollmachten Untervollmacht erteilen, damit aber keine Stimmrechtsweisungen verbinden.

Ein genereller Stimmrechtsausschluss eines Wohnungseigentümers kann weder in der Teilungserklärung noch in der Gemeinschaftsordnung vorgesehen sein und niemals von der Eigentümerversammlung beschlossen werden.

Exkurs: Unangenehme Sonderumlagen

Die Gemeinschaft der Wohnungseigentümer kann „Sonderumlagen" beschließen, die von allen Eigentümern anteilig zu „finanzieren" sind. Sonderumlagen sind zwar immer unerfreulich, aber manchmal notwendig, so zum Beispiel, wenn aufgrund von Privatinsolvenzen einzelner Eigentümer zu viele Ausfälle von Hausgeldern zu verkraften sind oder bei hohem akutem Sanierungsbedarf zu geringe Instandhaltungsrücklagen existieren, um die erforderlichen Sanierungsmaßnahmen durchzuführen.

Sanierungsbedarf

Als Eigentümer sollten Sie wissen, dass die Verpflichtung zur Zahlung einer Sonderumlage erst durch Beschlussfassung entsteht. Ohne Beschluss existiert keine Zahlungsforderung, die gegenüber dem einzelnen Wohnungseigentümer geltend gemacht werden könnte.

Die Zahlungsverpflichtung tritt frühestens dann ein, wenn die Sonderumlage zur Zahlung fällig gestellt worden ist. Sind Sie zum Zeitpunkt der Fälligkeit als Eigentümer im Grundbuch eingetragen, müssen Sie die Sonderumlage zahlen. Wenn Sie allerdings gerade Ihre Wohnung verkaufen und vor dem Eigentumswechsel die Sonderumlage beschlossen wurde, aber der anteilige Betrag erst nach Eigentumsübergang fällig wird, dann zahlt ausschließlich der neue Eigentümer die Sonderumlage.

GUT ZU WISSEN

Eigentümer müssen die Berechnung ihres Anteils der Sonderumlage nachvollziehen können. Darüber hinaus muss genau geregelt sein, wann die Umlage von den jeweiligen Eigentümern zu zahlen ist. Im Beschluss muss angegeben sein, aus welchem Grund eine Sonderumlage dringend erforderlich ist und wann sie fällig ist.

Der Verwalter darf die Geldkonten der Wohnungseigentümergemeinschaft grundsätzlich nicht überziehen. Als Ausnahme ist dies nur gestattet, wenn eine Vereinbarung dies vorsieht oder ein Beschluss der Eigentümerversammlung vorliegt.

EXPERTENTIPP

Achten Sie zur Vermeidung von Sonderumlagen darauf, dass die Rücklage für die Instandhaltungen nie ganz verbraucht wird, da gerade dann meist noch eine weitere dringende Maßnahme ins Haus steht oder sich die Kosten der laufenden Maßnahme unvorhergesehen erhöhen.
Oft müssen Sanierungen nicht sofort ausgeführt werden. Dämpfen Sie den Renovierungs-, Modernisierungs- und Sanierungseifer anderer Eigentümer und des Verwalters, wenn Sie die Zahlung von Sonderumlagen vermeiden wollen. In der Regel entspricht es dem Interesse aller Eigentümer, keine Sonderumlagen zu zahlen.

Neben der ordentlichen Eigentümerversammlung (in jährlichem Turnus) können bei Bedarf außerordentliche Versammlungen einberufen werden, wenn dringende Gründe vorliegen, zum Beispiel ein Beschlussantrag über eine dringende Sanierung und eine dadurch notwendige Sonderumlage.

Rechtswirkung von Beschlüssen der Eigentümerversammlung

Die Beschlüsse der Eigentümerversammlung erlangen sofort Rechtswirkung. Alle Wohnungseigentümer sind daran gebunden, auch diejenigen, die gegen einen Beschluss gestimmt oder sich der Stimme enthalten haben. Beschlüsse werden nur ungültig, wenn sie innerhalb eines Monats nach Beschlussdatum (Tag der Eigentümerversammlung) beim zuständigen Amtsgericht (WEG-Abteilung) angefochten und mit einem rechtskräftigen Urteil des Gerichts außer Kraft gesetzt werden. Das kann allerdings unter Umständen Monate und Jahre dauern.

GUT ZU WISSEN

Bis zur Rechtskraft des Urteils sind alle Eigentümer an einen Beschluss gebunden. Auch wenn ein Beschluss später für ungültig erklärt wird, ist er zunächst wirksam. Jeder Verwalter wird jedoch im Falle einer Klage vor Gericht gegen einen Beschluss der Eigentümergemeinschaft die Umsetzung des Inhalts bis zur Gerichtsentscheidung zurückstellen.

Unter bestimmten Voraussetzungen kann das Wohnungseigentumsgericht einem Eigentümer bei unverschuldeter Versäumung der Anfechtungsfrist die Möglichkeit geben, auch nach Fristablauf einen Beschluss der Eigentümergemeinschaft anzufechten (Wiedereinsetzung in den vorherigen Stand). Fragen Sie hierzu Ihren Fachanwalt für Wohnungseigentumsrecht.

Nichtige Beschlüsse

Verstoßen Beschlüsse gegen zwingende gesetzliche Vorschriften, bedarf es keiner Anfechtung. Solche Beschlüsse sind von vornherein unwirksam und nichtig, erlangen also keinerlei Rechtswirkung. Die Berufung auf die Nichtigkeit von Beschlüssen ist jederzeit möglich, das heißt auch nach Ablauf der übli-

Anfechtung nicht notwendig

chen Anfechtungsfrist von einem Monat. Allerdings ist es immer wieder schwierig, ein Gericht davon zu überzeugen, dass zwingende gesetzliche Bestimmungen durch den Beschluss verletzt worden sind.

Es ist daher ratsam, jedenfalls innerhalb der Anfechtungsfrist von einem Monat Maßnahmen gegen einen unerwünschten Beschluss zu ergreifen, um sich alle rechtlichen Möglichkeiten offenzuhalten.

Beispiele für solche unwirksamen Beschlüsse:

- Ein Beschluss verstößt gegen ein durch das Wohnungseigentumsgesetz ausdrücklich bestimmtes Verbot (wenn zum Beispiel dem Verwalter die gesetzlichen Aufgaben und Rechte entzogen werden sollen, ist das gesetzeswidrig).

- Ein Beschluss soll eine Regelung in der Teilungserklärung abändern, obwohl die notwendige Stimmenmehrheit nicht erreicht worden ist.

- Ein Beschluss verstößt gegen ein unabdingbares Verbot, das ein Gesetz außerhalb des Wohnungseigentumsgesetzes vorsieht.

- Ein Beschluss verstößt gegen die guten Sitten (Beispiel: Für rückständiges Hausgeld sollen Verzugszinsen in Höhe von astronomischen 36 Prozent berechnet werden.).

- Ein Beschluss bezieht sich nicht auf das Gemeinschaftseigentum, sondern auf das Sondereigentum eines Eigentümers (hier hat die Gemeinschaft keinerlei Mitspracherechte).

Protokollierung der Beschlüsse

Anfechtungs-
frist

Über die Beschlüsse der Eigentümerversammlung muss vom Verwalter ein Protokoll angefertigt werden. Es wird von dem Versammlungsvorsitzenden, einem Wohnungseigentümer und dem Vorsitzenden des Verwaltungsbeirates unterzeichnet. Das Protokoll sollte spätestens drei Wochen nach der Versammlung angefertigt werden, damit die Wohnungseigentümer Beschlüsse innerhalb der Frist anfechten können.

EXPERTENTIPP

Liegt das Protokoll der Eigentümerversammlung nicht spätestens drei Wochen nach der Versammlung vor, kann ein Wohnungseigentümer gegenüber dem Gericht die Anfechtung eines Beschlusses erklären und darauf hinweisen, dass diese lediglich vorsorglich erfolgt (mit dem Hinweis, dass unter Umständen falsche Beschlüsse gefasst worden sind). Wird dann das Protokoll vorgelegt und die Anfechtungsklage nichtig, sind die durch die Anfechtung ausgelösten Kosten vom Verwalter zu tragen, weil er das Protokoll verspätet verschickt hat.

KAPITEL 9

Aufgaben des Verwalters, seine Bestellung und Abberufung

Hausverwalter stehen im Verdacht, für ihre monatlich von jedem einzelnen Wohnungseigentümer erhobenen Gebühren wenig zu tun. Die Verwaltung eines Hauses ist jedoch eine sehr umfangreiche Aufgabe. Neben der exakten Buchführung muss ein Verwalter vielfältigen Aufgaben und Pflichten nachkommen.

IN DIESEM KAPITEL ERFAHREN SIE,

- wie ein Hausverwalter gewählt, bestellt und abberufen wird und
- welche Aufgaben und Pflichten er zu erfüllen hat.

Hausverwalter ist nicht Hausmeister

Verwechseln Sie den Hausverwalter nicht mit dem Hausmeister, wie Sie ihn aus Mietverhältnissen kennen. Bei einem Hausverwalter handelt es sich um eine Person, die unter anderem als Stellvertreter der Eigentümer handelt und Versicherungen, Stromlieferungsverträge sowie Wärmecontracting-Verträge vereinbart, Schadensreparaturen durchführen lässt und einen Hausmeister beauftragt und überwacht.

Das Wohnungseigentumsgesetz bestimmt die Bestellung eines Verwalters zwingend (§ 20 II WEG), die Bestellung eines Verwalters kann daher nicht ausgeschlossen oder auf mehrere Personen aufgeteilt werden. Ein Splitting der Aufgaben (Verwalter Nr. 1 für Technik, Verwalter Nr. 2 für kaufmännische Belange) ist nicht möglich.

Wie der Verwalter gewählt wird und welche Befugnisse er hat, ist in der Teilungserklärung bzw. in der Gemeinschaftsordnung geregelt. Diese Vereinbarungen sowie die rechtskräftigen Beschlüsse der Eigentümerversammlung gehen einem abgeschlossenen Verwaltervertrag immer vor. Das heißt: Sie müssen als Wohnungseigentümer zunächst die Regelungen der Teilungserklärung und Gemeinschaftsordnung prüfen, bevor Sie einen Blick in den Verwaltervertrag werfen, der dem Verwalter möglicherweise andere Rechte einräumt.

Ein Verwalter kann grundsätzlich für maximal fünf Jahre gewählt werden. Eine Wiederwahl ist frühestens ein Jahr vor Ablauf dieser Periode möglich. Es wird kein Unterschied zwischen großen und kleinen Wohnungseigentümergemeinschaften gemacht.

Maximal fünf Jahre

Die Bestellung des Verwalters

Verwalterbestellung durch WEG-Versammlung

Es ist wichtig, vor der Verwalterbestellung den Vertrag des Verwalters genauestens zu prüfen und gegebenenfalls bei einer Neuwahl des Verwalters weitere Verwalter sich vorstellen zu lassen. Dabei sollte man sich auch nicht scheuen, die rechtliche Kompetenz eines Fachmanns zu Rate zu ziehen.

Achten Sie in jedem Fall darauf, dass zwischen den Wohnungseigentümern und dem Verwalter eine entsprechende Vertrauensbasis vorhanden ist, da man schließlich dem Verwalter sein unter Umständen gesamtes Vermögen anvertraut, das beeinträchtigt werden kann, wenn der Verwalter die Immobilie schlampig verwaltet.

GUT ZU WISSEN

Die Auswirkungen einer guten oder schlechten Verwaltung zeigen sich erst nach längerer Zeit; dann ist es aber meist zu spät. Aus der praktischen Erfahrung ist den Wohnungseigentümern und den Verwaltern dringend zu raten, vor einer möglichen Zusammenarbeit ausführliche und klärende Gespräche zu führen und die Einzelheiten der wechselseitigen Rechte und Pflichten festzulegen. Bei GmbHs ist es wichtig zu wissen, welche Person Ansprechpartner für das betreffende Objekt ist und über welche Kompetenzen diese Person verfügt.

Auswahl-kriterien Den richtigen Verwalter finden die Eigentümer in den Zusammenschlüssen der Verbände der Verwalter (z.B. Dachverband Deutscher Immobilienverwalter (DDIV) mit den jeweiligen Landesverbänden). Es gibt außerdem einige Auswahlkriterien, die bei der Suche nach einem Verwalter abgefragt und geprüft werden können:

- An wie vielen Fortbildungsveranstaltungen haben der Verwalter bzw. seine Mitarbeiter in den letzten drei Jahren teilgenommen?

- Ist das Unternehmen Mitglied in einem Verband wie zum Beispiel dem DDIV oder in einem anderen Berufsverband?

- Wie ist das Verwalterbüro technisch ausgestattet?

- Wann werden bei Zahlungsrückständen einzelner Miteigentümer Maßnahmen (Mahnung, Mahnbescheid) eingeleitet?

- Sind Treuhandkonten angelegt?

- Besteht eine Vermögensschadenshaftpflichtversicherung?

- Hat die Verwaltung in anderen Gemeinschaften bereits für Eigentümergemeinschaften Baumaßnahmen oder Instandsetzungsmaßnahmen betreut (zum Beispiel Fassaden- oder Betonsanierung, Dacherneuerung, Trockenlegung)?

Jeder Eigentümer sollte wissen, dass der Gesetzgeber bis heute keinen Qualifikationsnachweis vom Verwalter verlangt.

EXPERTENTIPP

Achten Sie unbedingt darauf, dass der Verwalter eine eigene Vermögensschadenhaftpflichtversicherung abgeschlossen hat.

Hinweis-pflichten Sie können den Verwalter nicht dafür verantwortlich machen, was in der Gemeinschaftsordnung steht und welche Beschlüsse die Wohnungseigentümer treffen oder in der Vergangenheit getroffen oder nicht getroffen haben. Der Verwalter ist allerdings verpflichtet, die Wohnungseigentümergemeinschaft unmissverständlich darauf hinzuweisen, dass notwendige Instandhaltungen und teure Instandsetzungen durchzuführen sind. Auch insofern sollte der Verwalter, um einem möglichen Regress vorzubeugen, auf diese Tatsachen hinweisen und die entsprechenden Beschlüsse durchführen.

Jeder Eigentümer sollte sich darüber im Klaren sein, dass Tätigkeiten und Aufgaben durch den Verwalter fast immer nur nach Beschlussfassung der Gemeinschaft eingeleitet werden dürfen.

GUT ZU WISSEN

Der Verwalter ist nur gegenüber der gesamten Gemeinschaft der Wohnungseigentümer verpflichtet und nicht dem einzelnen Wohnungseigentümer. So muss der Verwalter dem einzelnen Miteigentümer zum Beispiel nicht gesondert Rechenschaft über einzelne Tätigkeiten abgeben; dies kann nur die Gemeinschaft verlangen.

Die Wohnungseigentümer müssen unterscheiden zwischen Verwalterbestellung und Verwaltervertrag.

Verwaltervertrag

Bei der Verwalterbestellung handelt es sich um eine interne Willensbildung der Wohnungseigentümer, die in der Regel anlässlich der Eigentümerversammlung zustandekommt. Hier kommt es entscheidend darauf an, welcher Verwalter für die Zukunft die Verwaltung einer Wohnungsanlage übernimmt.

Der Verwaltervertrag regelt dagegen die Aufgaben und Vergütung des Verwalters.

Verwalterbestellung durch Teilungserklärung oder Gericht

Der erste Verwalter kann über die Teilungserklärung benannt werden. Bei einer späteren Eigentümerversammlung kann dann die Eigentümergemeinschaft ihren Verwalter selbst bestimmen und selbst wählen. Die Erstbestellung des Verwalters kann nur für eine Zeitdauer von maximal drei Jahren erfolgen.

Eine dritte Möglichkeit der Verwalterbestellung ist die Bestellung durch den Richter des zuständigen Amtsgerichts. In dringenden Fällen kann das Gericht bis zur Behebung eines Mangels einen Verwalter bestellen. Dazu muss der Antrag eines Wohnungseigentümers oder eines Dritten vorliegen, der ein berechtigtes Interesse an der Verwalterbestellung hat (Gläubigerbank, die an einer ordnungsgemäßen Verwaltung des von ihnen beliehenen Objektes interessiert ist).

GUT ZU WISSEN

Der Notverwalter hat nur den Mangel (zum Beispiel das Fehlen eines Verwalters) durch eine einzuberufende Eigentümerversammlung zu beheben. Er darf also grundsätzlich nur bis zur nächsten Eigentümerversammlung Verwalter sein.

Verwaltervertrag

Hat die Eigentümergemeinschaft ihren Verwalter gewählt, schließt sie den Verwaltervertrag ab. In diesem Vertrag sind die Rechte und Pflichten der Vertragsparteien geregelt, unter anderem die Dauer des Vertragsverhältnisses sowie die Vergütung und die Einzelaufgaben des Verwalters.

· Der Vertrag wird zwischen dem Verwalter und der Wohnungseigentümergemeinschaft geschlossen, nicht jedoch mit dem einzelnen Wohnungseigentümer. Daher ist es nicht erforderlich, dass alle Miteigentümer den Verwaltervertrag unterschreiben. Vielmehr unterzeichnen der oder die Beauftragten der Gemeinschaft, zum Beispiel der Verwaltungsbeirat, den Vertrag.

Vergütung   Die Vergütung des Verwalters sollte im Vertrag klar geregelt werden. Neben der allgemeinen Vergütung ist es mittlerweile auch üblich, Zusatzvergütungen für weitere Leistungen zu vereinbaren, die vertraglich individuell im Verwaltervertrag geregelt werden. Achten Sie darauf, dass diese Sonderleistungen überschaubar bleiben und die getroffenen Regelungen Missbräuche durch den Verwalter ausschließen.

Anerkannt werden mittlerweile die nachfolgenden Zusatzvergütungen:

• Kosten, die dem Verwalter aus der Durchführung von Versammlungen entstehen (Saalmiete)

• Sondervergütungen für außergewöhnliche Wohnungseigentümerversammlungen

• Vergütung für Nichtteilnahme am Lastschriftverfahren

• Vergütung für bautechnische Leistungen (Bauaufsicht, Abnahme von Bauleistungen)

• Zusatzvergütung für Zustimmungserklärungen

• Sondervergütung für Jahresabrechnungen, die der Vorgänger nicht angefertigt hat und die der neue Verwalter erstellt

• Honorarvereinbarungen für die gerichtliche Vertretung nach dem Rechtsanwaltsvergütungsgesetz (RVG)

• Kostenerstattung für die Anfertigung von Kopien (z.B. Rechnungskopien) und anderen Verwaltungsunterlagen auf Anordnung einzelner Eigentümer

• Inrechnungstellung von Mahngebühren

Auch hier sollten die Wohnungseigentümer beachten, dass die Zusatzleistungen den Eigentümern nur dann in Rechnung gestellt werden können, wenn sie tatsächlich so von den Wohnungseigentümern in der Eigentümerversammlung beschlossen worden sind.

**Zusatz-
leistungen**

Eine Verwalterbestellung ist gesetzlich auf maximal fünf Jahre befristet. Bei einer Neuwahl oder Neubestellung sollten die Eigentümer bereits vor Ablauf der Frist mit dem bisherigen oder ausgesuchten neuen Verwalter Einzelheiten über den Verwaltervertrag abklären. Andernfalls besteht die Gefahr, dass der bestellte Verwalter, wenn er später die zahlreichen und oft überzogenen Wünsche der Wohnungseigentümergemeinschaft zum Verwaltervertrag hört, dankend abwinkt. In diesem Fall wäre die Eigentümergemeinschaft verwaltungslos.

125

GUT ZU WISSEN

Der Verwaltungsbeirat sollte mit einigen Verwaltern aus der Umgebung des Objekts (maximal 50 Kilometer) Kontakt aufnehmen und sich die entsprechenden Bedingungen vorlegen lassen, um sie in der Eigentümerversammlung zu besprechen. Auch sollten die Eigentümer darauf hingewiesen werden, dass sie im Vorfeld der Bestellung des Verwalters mit dem Verwaltungsbeirat Kontakt aufnehmen, um entsprechende Wünsche und Vorstellungen zu artikulieren, die dann in den Verwaltervertrag mit eingebaut werden können.

Grundsätzlich ist der Verwaltervertrag zwar auf fünf Jahre befristet. Die Eigentümer können aber den gesetzlich zulässigen Verwalterzeitraum durch Beschlussfassung auf einen kürzeren Zeitraum begrenzen.

Verwalter-
wechsel

Wenn Sie als Eigentümer mit Ihrem Verwalter zufrieden sind, sollten Sie eine langfristige Zusammenarbeit anstreben, denn jeder Verwalterwechsel bringt Unruhe und verursacht Kosten. Sie würden auch nicht ständig Ihren Steuerberater oder Anwalt wechseln, wenn Sie einmal Vertrauen zu ihm gefasst haben.

EXPERTENTIPP

Bestellen Sie zunächst einen neuen Verwalter für zwei Jahre. Im zweiten Jahr kann sich die Wohnungseigentümergemeinschaft dann entscheiden, ob sie mit dem neuen Verwalter zufrieden ist und mit ihm weiter zusammenarbeiten will.

Abberufung des Verwalters

Wichtiger
Grund

Eine vorzeitige Abberufung ist ebenfalls durch die Eigentümerversammlung durchzuführen und muss dem Verwalter unverzüglich bekanntgemacht werden. Ohne wichtigen Grund ist dies in der Regel nicht möglich, da nahezu jeder Verwaltervertrag vorsieht, dass ein Verwalter nur dann abberufen werden kann, wenn ein solcher vorliegt.

Ein wichtiger Grund für die Abberufung kann sein:

- Es ist kein Geld mehr auf dem Treuhandkonto, zum Beispiel wegen Unterschlagungen oder anderer strafbarer Handlungen des Verwalters.

- Der Verwalter hat Beschlüsse trotz mehrfacher Abmahnungen nicht in einer angemessenen Zeit ausgeführt.

- Über längere Zeit wurden keine Wirtschaftspläne und Jahresabrechnungen angefertigt.

- Es gab tätliche Auseinandersetzungen des Verwalters mit Bewohnern.

GUT ZU WISSEN

Wird der Verwalter ohne wichtigen oder ausreichenden Grund abberufen, kann dieser für die Restlaufzeit seines Vertrags noch die ausgehandelte Vergütung verlangen. Außerdem müssen die Wohnungseigentümer darauf achten, dass mit der vorzeitigen Abberufung des Verwalters auch immer gleichzeitig der Verwaltervertrag gekündigt wird.

Der Verwalter kann grundsätzlich durch einfachen Mehrheitsbeschluss in der Wohnungseigentümerversammlung abberufen werden. Eine Abberufung kann jederzeit erfolgen, auch ohne Angabe von Gründen (so sieht es das WEG zunächst einmal vor). Üblicherweise wird die Abberufung vor Ablauf der Bestellungszeit jedoch im Verwaltungsvertrag von der Voraussetzung abhängig gemacht, dass ein wichtiger Grund vorliegt. Andere Beschränkungen der Abberufung, wie beispielsweise das Vorliegen einer Zweidrittel- oder Dreiviertelmehrheit, sind unzulässig.

Einfache Mehrheit

Ein wichtiger Grund für die Abberufung des Verwalters ist immer dann anzunehmen, wenn eine Fortsetzung der Zusammenarbeit zwischen Ihnen als Eigentümer und der Verwaltung unzumutbar und deshalb das erforderliche Vertrauensverhältnis zerstört ist. Es kommt nicht darauf an, dass diese Umstände vom Verwalter verschuldet wurden, vielmehr wird vornehmlich auf das zerstörte Vertrauensverhältnis abgestellt.

Als weitere wichtige Gründe wurden von der Rechtsprechung im Einzelnen gesehen, wenn

- die Verwaltung vorbestrafte Angestellte eingestellt hat;

- der Verwalter Provisionen beim Abschluss von Versicherungsverträgen für die Wohnungseigentümergemeinschaft entgegengenommen hat, ohne das den Eigentümern mitgeteilt zu haben;

- der Verwalter die Einsichtnahme in die Protokolle früherer Eigentümerversammlungen verwehrt;

- der Verwalter sich gegen den erklärten Willen der Eigentümer als Makler betätigt;

- der Verwalter Gelder der Gemeinschaft für nicht genehmigte Betriebsausflüge im Ausland entnommen hat;

- der Verwalter die Eigentümerversammlung zur Abwahl des Verwalters verhindert.

GUT ZU WISSEN

Bei der Abberufung ist der Verwalter sowohl mit den eigenen als auch mit den ihm durch Vollmacht übertragenen Stimmen abstimmungsberechtigt. Der Verwalter kann also möglicherweise aufgrund einer Stimmenmehrheit seine Abberufung verhindern.
Hier sollten Sie sich nicht scheuen, eine richterliche Überprüfung dieses Beschlusses durchführen zu lassen, ob der Verwalter seine Abberufung im konkreten Fall nicht rechtsmissbräuchlich verhindert hat. Dies ist dann der Fall, wenn er die Stimmenmehrheit der Kapitalanleger auf sich vereinigt und diese Kapitalanleger nicht darüber informiert sind, welche groben Fehler der Verwalter in der Vergangenheit begangen hat.

Abberufung durch Gericht

Jeder einzelne Wohnungseigentümer kann einen entsprechenden Antrag bei Gericht stellen und im Rahmen seines individuellen Anspruchs auf ordnungsgemäße Verwaltung die richterliche Abberufung aus wichtigem Grund verlangen. Hier kann auch das Gericht einen Wohnungseigentümer ermächtigen, eine Eigentümerversammlung mit dem Zweck einzuberufen, den bisherigen Verwalter abzuwählen und einen neuen zu bestellen.

Übergabe der Unterlagen

Oft ist es so, dass bei der Abberufung des Verwalters Streit darüber entsteht, welche Unterlagen der Verwalter an die Eigentümergemeinschaft bzw. an den neuen Verwalter zurückgeben muss.

Der alte Verwalter muss nach Beendigung seiner Verwaltertätigkeit nahezu sämtliche Papiere und Unterlagen an die neue Hausverwaltung herausgeben. Dazu gehören:

- Aufteilungsplan, Bauzeichnung, Teilungserklärung, Gemeinschaftsordnung, Eigentümerlisten, Einladungen
- Niederschriften aller Wohnungseigentümerversammlungen
- Jahresgesamt- und Einzelabrechnungen, Wirtschaftspläne
- Rechnungen und Zahlungsbelege
- Kontoauszüge, Überweisungsträger und sonstige Kontounterlagen einschließlich Schecks
- Scheckkarten, Steuerbescheinigungen der Kreditinstitute über Zinsabschlag
- Versicherungsverträge, Wartungsverträge, Hausmeisterverträge, Lohn- und Gehaltsunterlagen

Aufgaben, Rechte und Pflichten des Verwalters

Der Verwalter ist vor allen Dingen verpflichtet, Mehrheitsbeschlüsse der Wohnungseigentümergemeinschaft zu Maßnahmen der ordnungsgemäßen Verwaltung herbeizuführen (§ 21 Abs. IV WEG). Um welche Aufgaben es sich im Einzelnen handelt, ist grundsätzlich gesetzlich geregelt. Zur ordnungsgemäßen Verwaltung zählt das Wohnungseigentumsgesetz (§ 21 Abs. V WEG) vor allem:

- die Aufstellung einer Hausordnung,
- die ordnungsgemäße Instandhaltung und Instandsetzung des Objekts,
- den Abschluss einer Feuerversicherung des gemeinschaftlichen Eigentums zum Neuwert sowie einer angemessenen Haus- und Grundbesitzhaftpflichtversicherung der Wohnungseigentümer,
- die Bildung einer angemessenen Instandhaltungsrücklage,
- die Aufstellung eines Wirtschaftsplans,
- die Duldung aller Maßnahmen zur Herstellung eines Telefonanschlusses und einer Rundfunkempfangsanlage,
- die Beschlussfassung über den Wirtschaftsplan, die Jahresabrechnung, die Rechnungslegung und Sonderumlagen.

Im Gesetz werden auch die Bestellung eines Verwaltungsbeirats und die Wahl eines Verwaltungsbeiratsvorsitzenden genannt, doch handelt es sich dabei in erster Linie nicht um Aufgaben des Verwalters, sondern um solche der Wohnungseigentümer.

Das Wohnungseigentumsgesetz überträgt dem Verwalter Rechte und Pflichten, die unabdingbar sind. Das heißt, dass diese Rechte niemals durch Vereinbarungen oder Beschlüsse der Eigentümer eingeschränkt oder aufgehoben werden können.

Protokollierung und Beschlusssammlung

Der Verwalter ist seit Inkrafttreten der Reform des Wohnungseigentumsgesetzes aus dem Jahre 2007 verpflichtet, alle seit dem 1.7.2007 verkündeten Beschlüsse sowie sämtliche nach diesem Tag ergangenen Gerichtsentscheidungen in einer Beschlusssammlung aufzubewahren. Das Recht zur Einsicht in diese Sammlung haben Sie als Miteigentümer und auch als potenzieller Käufer. Gegen Kostenerstattung können Kopien der Beschlusssammlung angefertigt werden. Sie können als Eigentümer auch einem potenziellen Erwerber erlauben, die Unterlagen einzusehen.

GUT ZU WISSEN

Mit der Einführung der Beschlusssammlung durch die Reform des Wohnungseigentumsgesetzes im Jahre 2007 wurde die Pflicht des Hausverwalters begründet, neue Beschlüsse innerhalb einer Woche in die Sammlung aufzunehmen.

Die Protokolle sind wichtig für den späteren Erwerber der Wohnung, da die von der Gemeinschaft gefassten Beschlüsse ebenfalls für einen Rechtsnachfolger, das heißt für den Käufer der Wohnung, verbindlich sind.

Verwaltung des gemeinschaftlichen Eigentums

Der Verwalter ist zur Verwaltung des gemeinschaftlichen Eigentums verpflichtet. Die Grundlage für diese Verpflichtung bilden:

- die Regelungen des Wohnungseigentumsgesetzes (WEG),
- die weiteren ergänzenden gesetzlichen Bestimmungen des Bürgerlichen Gesetzbuches (BGB),
- die Regelungen der Teilungserklärung/Gemeinschaftsordnung,
- die Vereinbarungen sowie die Beschlüsse der Wohnungseigentümer,
- die vertraglichen Regelungen, die die Eigentümergemeinschaft mit dem Verwalter selbst abgeschlossen hat.

> **GUT ZU WISSEN**
>
> Es ist ratsam, eine professionelle Hausverwaltung mit der Verwaltung des Wohnungseigentums zu beauftragen. Dringend ist davon abzuraten, einen Wohnungseigentümer selbst mit der Verwaltung zu betrauen. Erfahrungsgemäß entsteht so ein erhöhtes Streitpotenzial, da ein Verwalter es in der Regel nie allen Eigentümern recht machten kann und Privates nicht von den sogenannten Gemeinschaftsaufgaben getrennt werden kann.

Umsetzung der Beschlüsse der Gemeinschaft

Eine wichtige Pflicht des Verwalters besteht darin, die Beschlüsse der Wohnungseigentümer, die auf den Eigentümerversammlungen getroffen werden, innerhalb einer angemessenen Frist durchzuführen. Ist mit einer Anfechtung durch einzelne Wohnungseigentümer zu rechnen, sollte die Durchführung der Beschlüsse erst nach Ablauf der Anfechtungsfrist erfolgen. Wenn die Wohnungseigentümer gleichwohl eine sofortige Durchführung in der Eigentümerversammlung beschließen, dann hat sich der Verwalter daran zu halten.

> **GUT ZU WISSEN**
>
> Der Verwalter ist berechtigt und auch verpflichtet, die Beschlüsse der Wohnungseigentümer durchzuführen. Dies schließt mit ein, dass er auch fehlerhafte Beschlüsse durchführen muss. Jedoch hat er die Pflicht, die Eigentümer vor oder nach der Beschlussfassung auf den Fehler und auf die möglichen Rechtsfolgen hinzuweisen.

Einhaltung der Hausordnung

Der Verwalter hat für die Einhaltung der Hausordnung zu sorgen. Das bedeutet jedoch nicht, dass der Verwalter in der Wohnungsanlage gewissermaßen ein Aufpasser wäre. Es ist nicht Aufgabe des Verwalters, die Einhaltung der Hausordnung laufend zu überwachen. Er hat nur dafür zu sorgen, dass die Wohnungseigentümer und Mieter vom Inhalt der Hausordnung Kenntnis nehmen können.

Wird der Verwalter über Verstöße gegen die Hausordnung informiert, ist er verpflichtet, entsprechende Schriftsätze einzuleiten. Die Störer müssen ermittelt werden und sie müssen vom Verwalter auf die Verpflichtung zur Einhaltung der Hausordnung hingewiesen werden. Im Wiederholungsfall muss der Verwalter die Störer abmahnen. Eine solche Abmahnung ist für die Eigentümergemeinschaft wichtig, wenn später in einem möglichen gerichtlichen Verfahren Ansprüche auf Unterlassung der Störung erfolgreich durchgesetzt werden sollen.

Störer

Abmahnung

EXPERTENTIPP

Über die Einleitung eines Verfahrens gegen einen Störer der Hausordnung muss durch die Wohnungseigentümer in einer Eigentümerversammlung ein Beschluss herbeigeführt werden.

Der Verwalter ist in bestimmten Fällen berechtigt, Ansprüche auf Einhaltung der Hausordnung gegenüber Mietern und Wohnungseigentümern gerichtlich geltend zu machen, wenn es beispielsweise um Reinigungs- oder Streupflichten geht. In diesen Fällen ist seine Verkehrssicherungspflicht betroffen, er hat daher gerade in solchen Fällen ein eigenes Interesse, dass die Wohnungseigentümer ihren Verpflichtungen nachkommen, die sich aus der Hausordnung ergeben.

Verkehrssicherungspflicht

GUT ZU WISSEN

Der Hausverwalter haftet bei Verletzung der Verkehrssicherungspflicht, wenn jemand zum Beispiel auf dem Gehweg oder im Treppenhaus ausrutscht und dadurch einen Schaden erleidet.

Instandhaltungs- und Instandsetzungspflichten

Der Hausverwalter ist verpflichtet, dafür zu sorgen, dass eine ordnungsgemäße Instandhaltung und Instandsetzung des gemeinschaftlichen Eigentums durchgeführt wird. Insbesondere muss er auf Mängel am gemeinschaftlichen Eigentum achten und sich dabei folgende Fragen stellen: Sind die Eigentümer über die festgestellten Mängel unterrichtet worden? Welche Entscheidungen sollen über das weitere Vorgehen herbeigeführt werden?

Garantenstellung Der Verwalter übernimmt anstelle der Wohnungseigentümer die Garantenstellung dafür, dass sich die Wohnungseigentumsanlage sowohl im Gebäudeinneren als auch im Außenbereich in einem gefahrlosen und verkehrssicheren Zustand befindet.

GUT ZU WISSEN

Der Verwalter ist für Instandhaltungs- und Instandsetzungsarbeiten verantwortlich. Er hat unter Umständen eigenverantwortlich entsprechende Maßnahmen zu veranlassen und für deren ordnungsgemäße Durchführung zu sorgen.

Kostenvoranschläge Meist ist es Angelegenheit der Wohnungseigentümer, im Rahmen der Eigentümerversammlung durch Mehrheitsbeschluss über Art, Umfang, Finanzierung und Zeitpunkt von Reparaturen oder Baumaßnahmen zu entscheiden. Dabei muss der Verwalter alternative Kostenvoranschläge vorlegen, auf deren Grundlage die Eigentümer diskutieren und ihre Entscheidung treffen können.

Gutachten Ratsam ist es in vielen Fällen, wenn der Verwalter, möglichst nach Absprache mit dem Verwaltungsbeirat, ein Sachverständigengutachten über die aufgetretenen Mängel in Auftrag gibt. Eine solche Maßnahme sollte auf einer Eigentümerversammlung durch Beschluss entschieden werden. Wartungsverträge darf der Verwalter ebenfalls nicht eigenverantwortlich vergeben, auch in diesen Fällen ist ein entsprechender Beschluss der Wonungseigentümer herbeizuführen.

Der Verwalter hat die Verpflichtung, Mängel am gemeinschaftlichen Eigentum rechtzeitig festzustellen. Diese Instandhaltungs- und Instandsetzungspflicht beinhaltet insbesondere die Verpflichtung zur regelmäßigen Begehung der verwalteten Wohnungseigentumsanlage, und zwar auch des Daches. Der Verwalter muss also in gewisser Regelmäßigkeit selbst zur Besichtigung in das Haus kommen und sich vor Ort über den Bauzustand und über technische Mängel durch eigenen Augenschein informieren.

Ortstermine

EXPERTENTIPP

Die Wohnungseigentümer sollten sich in ihrem eigenen Interesse anlässlich der jährlich wiederkehrenden Eigentümerversammlung entsprechende Begehungsprotokolle durch den Verwalter vorlegen lassen.

Handeln bei drohender Gefahr

In dringenden Fällen sind Maßnahmen zur Erhaltung des gemeinschaftlichen Eigentums zu treffen. Der Verwalter ist verpflichtet, unmittelbar drohende Gefahren durch Brand- und Wasserschäden abzuwehren und Maßnahmen zur Erfüllung der Verkehrssicherungspflicht (Befestigung lockerer Dachziegel, Anbringung fehlender Schneefanggitter, Befestigung wackliger Treppengeländer) zu ergreifen. Im Fall von Körper- oder Gesundheitsschäden ist der Verwalter auch für den sogenannten immateriellen Schaden zur Entschädigung in Form von Schmerzensgeld verpflichtet.

Verkehrssicherungspflicht

GUT ZU WISSEN

Im Notfall muss der Verwalter sofort tätig werden und die zur Beseitigung einer Störung erforderlichen Maßnahmen treffen. Sie können den Verwalter bei einer Pflichtverletzung schadensersatzpflichtig machen.

Ausreden Der Verwalter kann den Eigentümern nicht den „schwarzen Peter" zuschieben und sich darauf zurückziehen, es hätte vor notwendigen Maßnahmen erst ein Beschluss herbeigeführt werden müssen. Der Verwalter kann sich auch nicht darauf berufen, dass in der Instandhaltungsrücklage nicht genügend Geld zur Mängelbeseitigung vorhanden gewesen sei.

Im Notfall muss der Verwalter Aufträge im eigenen Namen und auf eigene Kosten vergeben. Die Erstattungsansprüche kann er dann gegenüber der Gemeinschaft der Wohnungseigentümer geltend machen. Verletzt der Verwalter seine Instandhaltungs- und Instandsetzungspflichten, haftet er gegenüber den Wohnungseigentümern für den daraus entstandenen Schaden. Die Eigentümer können den Verwalter somit auf Schadensersatz verklagen.

Schadens-ersatz Grundsätzlich ist die Instandsetzung oder Schadensbeseitigung in allererster Linie die Angelegenheit der Gemeinschaft der Wohnungseigentümer. Den Verwalter treffen, wie oben bereits ausgeführt, Überwachungs-, Kontroll- und Hinweispflichten, für deren Versäumung oder Schlechterfüllung er zu Schadensersatzleistungen Ihnen gegenüber auf jeden Fall verpflichtet werden kann.

Spezielle Aufgaben des Verwalters

Baumangel Bei der Instandhaltung und Instandsetzung des gemeinschaftlichen Eigentums ist zwischen der mangelhaften Errichtung des Bauwerks und dem später auftretenden Sanierungsbedarf zu unterscheiden. Im Falle eines Errichtungsmangels haben Sie als Wohnungseigentümer grundsätzlich zunächst Ansprüche gegenüber dem Verkäufer oder gegenüber dem Bauträger (und zwar auf komplette Herstellung des Sondereigentums und des Gemeinschaftseigentums). So gehört die erstmalige Herstellung eines einwandfreien bautechnischen Zustandes des Gemeinschaftseigentums und damit auch die Beseitigung von Baumängeln zur ordnungsgemäßen Instandhaltung und Instandsetzung.

GUT ZU WISSEN

Der Verwalter ist verpflichtet, Baumängel festzustellen und Sie als Wohnungseigentümer darüber zu unterrichten und eine entsprechende Entscheidung durch Beschluss in der Eigentümerversammlung über die weiteren Schritte und Maßnahmen herbeizuführen.

Wenn Sie Ansprüche aufgrund Ihres Kaufvertrags gegenüber dem Verkäufer/Bauträger geltend machen, kommen die Regelungen des Kaufrechts zur Anwendung: Die Wohnungseigentümergemeinschaft hat keine eigenen Rechtsansprüche gegenüber dem Verkäufer. Die Gewährleistungsansprüche stehen allein dem einzelnen Käufer und Wohnungseigentümer zu. Die Wohnungseigentümer können allerdings beschließen, dass die Gemeinschaft entsprechende Gewährleistungsansprüche gegenüber dem Verkäufer/Bauträger gemeinsam rechtlich geltend macht.

Gewährleistungsansprüche

Der Verwalter muss gerade im Falle der mangelhaften Erstherstellung des Bauwerks und bei Gefahr in Verzug für die Wohnungseigentümer sofort und zielgerichtet tätig werden. Er ist verpflichtet, gerichtliche Beweissicherungsanträge (Anträge auf Durchführung eines selbstständigen Beweisverfahrens) zu stellen, sei es um einen bestimmen Schadenszustand festzustellen, sei es zur Unterbrechung der Verjährung der Mängelansprüche. Zumindest sollte der Verwalter sich mit den Wohnungseigentümern unverzüglich kurzschließen und Sie auf die Gefahrenlage sowie darauf hinzuweisen, dass entsprechende Anträge oder Klagen vor Gericht ohne weitere Zeitverzögerung durchzuführen sind.

Gefahr in Verzug

Auch hier steht den Wohnungseigentümern als Einzeleigentümern oder als Eigentümergemeinschaft das Recht zu, den Verwalter ersatzpflichtig zu machen, wenn er durch seine Untätigkeit nicht verhindert hat, dass entsprechende Gewährleistungsfristen verstreichen und Bauschäden ein enormes Ausmaß annehmen.

EXPERTENTIPP

Als Wohnungseigentümer sollten Sie sich rechtlich beraten lassen, um bei Vorliegen bei Errichtungsmängeln rechtzeitig verjährungshemmende Schritte mit der Hausverwaltung gegenüber dem Verantwortlichen einzuleiten. Wichtig ist in diesem Zusammenhang, dass wichtige Entscheidungen auf einer zeitig und ohne weitere Verzögerung einzuberufenden Wohnungseigentümerversammlung herbeigeführt werden.

Treten am Gemeinschaftseigentum nach mehreren Jahren Mängel auf, dann ist der Verwalter insbesondere verpflichtet,

- Mängel und Schäden am gemeinschaftlichen Eigentum festzustellen,

- Lösungsvorschläge zu unterbreiten und entsprechende Angebote von Fachfirmen zur Beseitigung der Mängel und Schäden einzuholen,

- Kostenvoranschläge einzuholen (auf jeden Fall mit der Unterstützung des Verwaltungsbeirats),

- entsprechende Maßnahmen vorzubereiten und ohne Zeitverzögerung, notfalls auch auf außerordentlichen Eigentümerversammlungen, vorzubereiten und herbeizuführen,

- die auf den Eigentümerversammlungen beschlossenen Maßnahmen unverzüglich durchzuführen.

Die Eigentümer sollten in diesem Zusammenhang darauf achten, dass der Verwalter ständigen Kontakt mit dem Verwaltungsbeirat hat, um in dieser kritischen Lage die notwendigen Reparaturen und Sanierungsarbeiten ohne Zeitverzögerungen durchführen zu können.

Schadens-ersatz Verletzt der Verwalter diese Pflichten, ist er der Wohnungseigentümergemeinschaft und auch den einzelnen Wohnungseigentümern für den dadurch entstandenen Schaden schadensersatzpflichtig.

Informieren Sie den Verwalter über einen bestimmten Mangel, **Untätigkeit**
so muss dieser unverzüglich einen Beschluss der Gemeinschaft
zur Feststellung der Ursache des Mangels und zu dessen Beseitigung herbeiführen. Untätigkeit bzw. das Unterlassen notwen-
diger Maßnahmen zur Schadensbeseitigung können für den Verwalter schwerwiegende Haftungsfolgen nach sich ziehen.

GUT ZU WISSEN

Sie können als Mitglied der Wohnungseigentümergemeinschaft als auch als einzelner Sondereigentümer den Verwalter für den Schaden haftbar machen, der
wegen seiner Untätigkeit im Gemeinschafts- bzw. im Sondereigentum entsteht.

Verzögert der Verwalter notwendige Sanierungsmaßnahmen da- **Haftung**
durch, dass er entweder die Schadensursache nicht unverzüglich
ermitteln lässt, oder dadurch, dass er den Sanierungsbeschluss
der Eigentümergemeinschaft nicht rechtzeitig durchführt, so
haftet er den Wohnungseigentümern für die ihnen dadurch im
Hinblick auf ihr Sondereigentum entstehenden Schäden, zum
Beispiel auch in Form von Mietausfällen. Eine Haftung besteht
insbesondere dann, wenn der drohende Ablauf der Verjährungs-
frist dem Verwalter bekannt ist, er es aber unterlässt, eine Entscheidung der Wohnungseigentümer über das weitere Vorgehen
herbeizuführen.

Im Zuge der Vorbereitung von Sanierungsbeschlüssen ist unbe- **Finanzierung**
dingt auch die Frage der Finanzierung zu klären. In der Eigentümerversammlung ist die Finanzierung aus der Instandhaltungsrücklage, über eine Sonderumlage oder eine Kreditfinanzierung
zu diskutieren. Achten Sie als Eigentümer darauf, dass der Verwalter unverzüglich eine eindeutige Beschlussvorlage in der
Eigentümerversammlung vorlegt, damit die Beschlüsse unverzüglich gefasst werden können. Hier taucht wieder die Frage
auf, ob für die vorgesehenen Maßnahmen eine entsprechende
mehrheitliche Beschlussfassung ausreicht oder ob eine qualifizierte Mehrheit nach der Teilungserklärung oder eine grundsätzliche Zustimmung aller Eigentümer erforderlich ist.

KAPITEL 10

Verwaltung durch den Verwaltungsbeirat

Für die Mitglieder der Gemeinschaft ist es hilfreich, wenn sie sich mit speziellen Fragen an jemanden aus ihrer Mitte wenden können, die Wahl eines Verwaltungsbeirats schafft diese Möglichkeit. Auf diese Weise werden Anfragen und Wünsche gesammelt und können dann gebündelt vom Beirat an den Verwalter weitergeleitet und eventuell mit ihm bereits im Vorfeld der Eigentümerversammlung besprochen werden.

IN DIESEM KAPITEL ERFAHREN SIE,

– wie die Mitglieder des Beirats gewählt werden und
– welche Aufgaben der Verwaltungsbeirat hat.

Wahl des Verwaltungsbeirats

Mehrheits-beschluss Der Verwaltungsbeirat kann mit der Mehrheit der Wohnungseigentümer von diesen gewählt werden. Es besteht allerdings kein Anspruch auf Bestellung eines Beirats. Das Wohnungseigentumsgesetz erwähnt zwar die Bestellung eines Beirats, doch zwingend vorgeschrieben ist sie nicht. Fehlt eine Regelung in der Teilungserklärung/Gemeinschaftsordnung, so können die Wohnungseigentümer dennoch einen Beirat wählen. Dafür reicht ein Mehrheitsbeschluss aus.

Die Wahl zum Mitglied des Beirats muss sich im Rahmen ordnungsgemäßer Verwaltung halten, ansonsten kann sie angefochten werden. Das kann der Fall sein, wenn ein wichtiger Grund gegen die Wahl des Beirats spricht, weil zum Beispiel das erforderliche Vertrauensverhältnis von vornherein nicht zu erwarten ist. Grund hierfür kann eine Vorstrafe vermögensrechtlicher Art sein.

Das Wohnungseigentumsgesetz sieht vor, dass der Verwaltungsbeirat aus einem Wohnungseigentümer als Vorsitzendem und zwei weiteren Wohnungseigentümern als Beisitzern bestehen soll.

GUT ZU WISSEN

Zum Verwaltungsbeirat können grundsätzlich nur Wohnungseigentümer gewählt werden. Personen, die nicht zur Eigentümergemeinschaft gehören, sind nicht wählbar. Der Verwalter, der gesetzliche Vertreter oder ein leitender Angestellter der Hausverwaltung können nicht zu Mitgliedern des Verwaltungsbeirats gewählt werden. Hier besteht nämlich die Gefahr eines Interessenkonflikts.

Aufgaben des Beirats

Der Beirat hat keine Entscheidungsbefugnis, sondern nur Funktionen ergänzender Art. Grundsätzlich soll der Beirat den Verwalter bei seiner Tätigkeit unterstützen.

Der Beirat hat die Möglichkeit, aber auch die Pflicht, die Jahresabrechnung zu prüfen. Er übernimmt die Gewähr für ihre Richtigkeit, wenn er vor einem Beschluss die Genehmigung der Jahresabrechnung den Eigentümern vorschlägt. Verzichtet der Beirat auf die Kontrolle der Belege, verletzt er seine Verpflichtung und macht sich unter Umständen schadensersatzpflichtig.

Prüfung von Abrechnungen

Der Vorsitzende des Beirats sollte die Wohnungseigentümer zudem in regelmäßigen Abständen über wichtige Vorgänge und über die aktuelle Tätigkeit des Beirates informieren. Er ist ebenfalls für die Unterzeichnung des Protokolls der Eigentümerversammlung zuständig. Der Beirat kann außerdem unter bestimmten Bedingungen eine Eigentümerversammlung einberufen. Haben die Wohnungseigentümer den Verwalter abgewählt und können sie sich in derselben Versammlung noch nicht für einen neuen entscheiden, so kann der Beirat die Einberufung einer neuen Versammlung vornehmen.

Durch Mehrheitsbeschluss der Wohnungseigentümer können dem Verwaltungsbeirat weitere Aufgaben übertragen werden. Dazu muss sich der Beirat einverstanden erklären, da insofern ein erheblicher Mehraufwand auf ihn zukommen kann. So können unter Umständen dem Verwaltungsbeirat übertragen werden:

- die laufende Überwachung des Verwalters

- die Abnahme von Sanierungsarbeiten

- die Prüfung und Geltendmachung von Gewährleistungsansprüchen

Vergütung und Haftung

Ehrenamt In der Regel wird die Tätigkeit des Verwaltungsbeirats als ehrenamtliche Tätigkeit für „Gottes Lohn" angesehen. Es ist aber eine Vergütung möglich. Eine pauschale Aufwandsentschädigung muss klar und eindeutig beschrieben sein. Es reicht beispielsweise nicht aus, dem Beirat per Beschluss pauschal 2.000 Euro zuzuwenden. Dies könnte als Entlohnung gelten, wodurch der Beirat juristisch zum entgeltlichen Geschäftsbesorger würde und die Möglichkeit der jederzeitigen Amtsniederlegung verlöre.

Die Beiratsmitglieder müssen ihre Einkünfte aus Berufstätigkeit wie Einkünfte aus selbstständiger Arbeit versteuern (§ 18 EStG). Darüber hinaus unterliegen sie im Falle einer entgeltlichen Ausübung ihrer Tätigkeit auch einer verschärften Haftung.

GUT ZU WISSEN

Da es im Rahmen der Beiratstätigkeit zu Schadensfällen kommen kann, ist es ratsam, eine entsprechende Vermögensschadenhaftpflichtversicherung für die Beiratsmitglieder auf Kosten der Gemeinschaft abzuschließen.

Der Verwaltungsbeirat wird anlässlich der jährlichen Versammlung der Wohnungseigentümergemeinschaft in der Regel entlastet. Dies bedeutet den Verzicht der Wohnungseigentümer auf die bis dahin erkennbar entstandenen Schadensersatzansprüche.

EXPERTENTIPP

Ein Eigentümer, der sich für den Beirat bewirbt, sollte darauf achten, dass bei seiner Bestellung auch beschlossen wird, dass er als zukünftiger Beirat einen Anspruch auf Entlastung hat, sofern die Voraussetzungen hierfür gegeben sind.

Sitzungen und Beschlussfassung des Verwaltungsbeirates

Die Sitzungen des Verwaltungsbeirates werden nach Bedarf von dem Vorsitzenden des Beirates einberufen. Der Beirat kann darüber bestimmen, ob er den Verwalter oder andere Wohnungseigentümer an seinen Sitzungen teilnehmen lässt.

Beschlussfähig ist die Sitzung des Beirates, wenn mehr als die Hälfte seiner Mitglieder anwesend sind. Jedes Verwaltungsbeiratsmitglied hat eine Stimme, Beschlüsse werden mit einfacher Mehrheit gefasst. Bei Stimmengleichheit gilt ein Beschluss als abgelehnt.

Beschluss-
fähigkeit

Die Beschlüsse des Beirates sind nicht angreifbar oder anfechtbar. Über die Beschlüsse ist eine Niederschrift anzufertigen, alle Teilnehmer der Sitzung sollen dieses Dokument unterzeichnen.

Abberufung und Amtsniederlegung

Die Gemeinschaft der Wohnungseigentümer kann den Verwaltungsbeirat jederzeit durch Mehrheitsbeschluss ohne Angabe von Gründen abberufen.

Ein gewählter Verwaltungsbeirat kann außerdem jederzeit sein Amt niederlegen. Wenn allerdings die Amtsausübung gegen Bezahlung erfolgt, kann ein Beiratsmitglied erst nach Ende der vereinbarten Laufzeit sein Amt abgeben. Verkauft ein Beiratsmitglied seine Wohnung, scheidet er automatisch aus dem Beirat aus.

KAPITEL 11

Der Wohnungseigentümer als Vermieter

Wer eine vermietete Wohnung zu günstigen Konditionen kauft und sie nach dem Auszug des Mieters renoviert und wieder veräußert, braucht zwar Geduld, kann aber von den Mietzahlungen, der allgemeinen Wertsteigerung auf dem Immobilienmarkt (vor allem in den Großstädten) und dem Preisgefälle zwischen vermieteter und frei gewordener renovierter Wohnung enorm profitieren. Doch Vorsicht! Das Mietrecht ist eine komplizierte Materie. Wer sich nicht auskennt, wer falsche Verträge schließt oder falsche Zusagen macht, hat nichts als Ärger.

IN DIESEM KAPITEL ERFAHREN SIE,

- welche Rechte und Pflichten Sie gegenüber Ihren Mietern haben und
- was Sie im Zusammenhang mit der Eigentümergemeinschaft und der Hausverwaltung zu beachten haben.

Nutzungsrechte des Mieters

Wenn Sie Ihre Eigentumswohnung vermieten, müssen Sie zusätzlich zu den Vorschriften des Wohnungseigentumsgesetzes auch die Vorschriften des Mietrechts einschließlich der dazugehörigen Rechtsprechung kennen und beachten. Darüber hinaus müssen Sie die Regelungen Ihrer Teilungserklärung/Gemeinschaftsordnung sowie die Beschlüsse der Eigentümergemeinschaft beachten, über die Sie als Wohnungseigentümer in der Eigentümerversammlung mitbestimmen können.

Grundsätzlich gilt: Sie können Ihren Mietern nur innerhalb des von der Wohnungseigentümergemeinschaft gesteckten Rah-

mens die Nutzung des Sonder- und Gemeinschaftseigentums
ermöglichen.

BEISPIEL

Der Wohnungseigentümer und Vermieter Hans B. vermietet nach dem Motto,
leben und leben lassen, seine Wohnung an Göktan G., einen Mitbürger türki-
scher Herkunft, der ein großes Bedürfnis hat, zusammen mit seiner Familie Sen-
der des südeuropäischen Herkunftslandes zu empfangen. Großzügig gestattet
Hans B. seinem Mieter, auf seinem Balkon eine Parabolantenne aufzustellen.
Hans B. wundert sich über die massive Reaktion, die die installierte Schüssel
hervorruft. Zuerst bekommt er einen Anruf seines Mieters, der sich über andere Bewohner des Hauses beschwert, die ihm bedeuten, er möge die Satellitenempfangsanlage sofort wieder demontieren. Wenig später meldet sich
der Hausverwalter und erklärt Hans B., weshalb die Schüssel sofort wieder
entfernt werden müsse: Die Teilungserklärung der Eigentumswohnanlage
schließe für die Wohnungseigentümer und damit auch für die Mieter Parabolantennen auf dem Balkon aus. In diesem Fall können die Wohnungseigentümer nicht nur gegen den vermietenden Eigentümer wegen Verstoßes
gegen die Teilungserklärung vorgehen, sondern auch gegen den Mieter.
Um größeren Ärger zu vermeiden, stimmt Hans B. der Entfernung der Parabolantenne zu. Da er im Mietvertrag Göktan G. jedoch eine Parabolantenne
zugestanden hatte, muss er auch eine Mietminderung hinnehmen.

Sie sollten daher als Wohnungseigentümer beim Abschluss eines
Mietvertrags darauf achten, dass die Rechte Ihres Mieters durch
entsprechende Gestaltung des Mietvertrages auf den Umfang
Ihrer Rechte gegenüber der Wohnungseigentümergemeinschaft
beschränkt sind.

EXPERTENTIPP

Erlauben Sie als Vermieter Ihren Mietern nie eine umfangreichere Nutzung des
Sonder- und Gemeinschaftseigentums, als Ihnen selbst gemäß Teilungserklärung/
Gemeinschaftsordnung gestattet ist. Hüten Sie sich vor vorgedruckten Mietverträ-
gen, die die besonderen Verhältnisse in einem Haus nicht berücksichtigen können.

Die Wohnungseigentümergemeinschaft kann Mieter auf Unterlassung störender Aktivitäten jenseits der Teilungsordnung/Gemeinschaftsordnung vor dem zuständigen Amtsgericht in Anspruch nehmen. Haben Sie Ihrem Mieter Zugeständnisse gemacht, kann das für Sie weitreichende Folgen haben: Ihr Mieter kann Ihnen gegenüber die Zahlung der Miete verweigern oder mindern (abhängig von der Einschränkung, die der Mieter entgegen Ihrer Zusage im Mietvertrag in Kauf nehmen muss), das Mietverhältnis eventuell sogar fristlos kündigen und von Ihnen Schadensersatz verlangen.

EXPERTENTIPP

Vor Abschluss eines Mietvertrags sollte sich der Wohnungseigentümer umfassend über die zulässige Nutzung seines Sondereigentums sowie über die Beschlüsse der Eigentümergemeinschaft informieren, die zur Nutzung des Gemeinschaftseigentums gefasst wurden.

Weisen Sie in Ihrem Mietvertrag darauf hin, dass die Benutzung des Gemeinschaftseigentums durch den Mieter auf die Ihnen zustehenden Rechte beschränkt ist. Ratsam ist es, entsprechende Beschlüsse und die Teilungserklärung dem Mietvertrag beizuheften.

Nebenkostenabrechnung

Als Wohnungseigentümer sollten Sie mit Ihrem Mieter über die Miete hinaus monatliche Betriebskostenvorauszahlungen vereinbaren und auch einfordern.

Pauschale

Sie können einen monatlichen Nebenkosten-Pauschalbetrag festlegen oder eine Abrechnung nach dem Wirtschaftsplan und der Jahresgesamt- und Einzelabrechnung der Wohnungseigentümergemeinschaft vereinbaren. Wenn Sie die letzte Variante wählen, können Sie sich sicher sein, dass Preissteigerungen –

insbesondere bei den Energiekosten – nicht bei Ihnen als Vermieter hängen bleiben, sondern vom Mieter zu tragen sind.

Aufgrund der unterschiedlichen Kostenpositionen beim Hausgeld einerseits und bei den Betriebskosten andererseits sowie der unterschiedlichen Abrechnungsgrundsätze im Wohnungseigentumsrecht und im Mietrecht ergeben sich häufig folgende Problemkreise:

Betriebskosten

• Unterschiede bei den umlegbaren Kosten

• unterschiedliche Abrechnungsarten (Abfluss-/Leistungsprinzip)

• unterschiedliche Abrechnungszeiträume und Fristen

• unterschiedliche Abrechnungsmaßstäbe (Quadratmeter bzw. Miteigentumsanteile)

EXPERTENTIPP

Sie können nur jene Betriebskosten von Ihrem Mieter fordern, die unter den Begriff der Betriebskosten im Sinne der Betriebskostenverordnung fallen.

Wenn eine professionelle Hausverwaltung für die Wohnungseigentümergemeinschaft tätig ist, finden Sie die Positionen, die Sie selbst tragen müssen, und die umlegbaren Betriebskosten bereits im Wirtschaftsplan (Aufstellung der voraussichtlichen Kosten) sowie in der Jahresgesamt- und Einzelabrechnung, die nach dem Ende des Wirtschaftsjahres die tatsächlichen Kosten enthält. Vorausgesetzt, der Verwalter berücksichtigt bereits die Interessen der Vermieter, können Sie als Eigentümer/Vermieter leicht erkennen, welche Betriebskosten der Mieter bezahlen muss. Anderenfalls müssen Sie selbst ermitteln, für welche Kosten Sie den Mieter zur Kasse bitten dürfen.

Differenzierte Abrechnung

Zu den Betriebskosten, die der Mieter zu zahlen hat, gehören folgende Kostenpositionen (Auszug aus der Betriebskostenverordnung – BtrKV):

- die laufenden öffentlichen Lasten des Grundstücks, hierzu gehört namentlich die Grundsteuer;

Wasser

- die Kosten der Wasserversorgung (hierzu gehören die Kosten des Wasserverbrauchs, die Grundgebühren, die Kosten der Anmietung oder anderer Arten der Gebrauchsüberlassung von Wasserzählern sowie die Kosten ihrer Verwendung, einschließlich der Kosten der Eichung sowie der Kosten der Berechnung und Aufteilung, die Kosten der Wartung von Wassermengenreglern, die Kosten des Betriebs einer hauseigenen Wasserversorgungsanlage und einer Wasseraufbereitungsanlage einschließlich der Aufbereitungsstoffe);

- die Kosten der Entwässerung (hierzu gehören die Gebühren für die Haus- und Grundstücksentwässerung, die Kosten des Betriebs einer entsprechenden nicht öffentlichen Anlage und die Kosten des Betriebs einer Entwässerungspumpe);

- die Kosten

Heizung

  - des Betriebs der zentralen Heizungsanlage einschließlich der Abgasanlage (hierzu gehören die Kosten der verbrauchten Brennstoffe und ihrer Lieferung, die Kosten des Betriebsstroms, die Kosten der Bedienung, Überwachung und Pflege der Anlage, der regelmäßigen Prüfung ihrer Betriebsbereitschaft und Betriebssicherheit einschließlich der Einstellung durch eine Fachkraft, der Reinigung der Anlage und des Betriebsraums, die Kosten der Messungen nach dem Bundes-Immissionsschutzgesetz, die Kosten der Anmietung oder anderer Arten der Gebrauchsüberlassung einer Ausstattung zur Verbrauchserfassung sowie die Kosten der Verwendung einer Ausstattung zur Verbrauchserfassung einschließlich der Kosten der Eichung sowie der Kosten der Berechnung und Aufteilung)

  - des Betriebs der zentralen Brennstoffversorgungsanlage (hierzu gehören die Kosten der verbrauchten Brennstoffe und ihrer Lieferung, die Kosten des Betriebsstroms und die Kosten der Überwachung sowie die Kosten der Reinigung der Anlage und des Betriebsraums)

- der eigenständig gewerblichen Lieferung von Wärme, auch aus Anlagen im Sinne des Buchstabens a (hierzu gehören das Entgelt für die Wärmelieferung und die Kosten des Betriebs der zugehörigen Hausanlagen entsprechend Buchstabe a)

- der Reinigung und Wartung von Etagenheizungen und Gaseinzelfeuerstätten (hierzu gehören die Kosten der Beseitigung von Wasserablagerungen und Verbrennungsrückständen in der Anlage, die Kosten der regelmäßigen Prüfung der Betriebsbereitschaft und Betriebssicherheit und der damit zusammenhängenden Einstellung durch eine Fachkraft sowie die Kosten der Messungen nach dem Bundes-Immissionsschutzgesetz);

- die Kosten
  - des Betriebs der zentralen Warmwasserversorgungsanlage (hierzu gehören die Kosten der Wasserversorgung entsprechend Nummer 2, soweit sie nicht dort bereits berücksichtigt sind, und die Kosten der Wassererwärmung entsprechend Nummer 4 Buchstabe a) **Warmwasser**

  - der eigenständig gewerblichen Lieferung von Warmwasser, auch aus Anlagen im Sinne des Buchstabens a (hierzu gehören das Entgelt für die Lieferung des Warmwassers und die Kosten des Betriebs der zugehörigen Hausanlagen entsprechend Nummer 4 Buchstabe a)

  - der Reinigung und Wartung von Warmwassergeräten (hierzu gehören die Kosten der Beseitigung von Wasserablagerungen und Verbrennungsrückständen im Inneren der Geräte sowie die Kosten der regelmäßigen Prüfung der Betriebsbereitschaft und Betriebssicherheit und der damit zusammenhängenden Einstellung durch eine Fachkraft);

- die Kosten verbundener Heizungs- und Warmwasserversorgungsanlagen
  - bei zentralen Heizungsanlagen entsprechend Nummer 4 Buchstabe a und entsprechend Nummer 2, soweit sie nicht dort bereits berücksichtigt sind,

– bei der eigenständig gewerblichen Lieferung von Wärme entsprechend Nummer 4 Buchstabe c und entsprechend Nummer 2, soweit sie nicht dort bereits berücksichtigt sind,

– bei verbundenen Etagenheizungen und Warmwasserversorgungsanlagen entsprechend Nummer 4 Buchstabe d und entsprechend Nummer 2, soweit sie nicht dort bereits berücksichtigt sind;

Aufzug
- die Kosten des Betriebs des Personen- oder Lastenaufzugs (hierzu gehören die Kosten des Betriebsstroms, die Kosten der Beaufsichtigung, der Bedienung, Überwachung und Pflege der Anlage, der regelmäßigen Prüfung ihrer Betriebsbereitschaft und Betriebssicherheit einschließlich der Einstellung durch eine Fachkraft sowie die Kosten der Reinigung der Anlage);

Müll
- die Kosten der Straßenreinigung und Müllbeseitigung (zu den Kosten der Straßenreinigung gehören die für die öffentliche Straßenreinigung zu entrichtenden Gebühren und die Kosten entsprechender nicht öffentlicher Maßnahmen; zu den Kosten der Müllbeseitigung gehören namentlich die für die Müllabfuhr zu entrichtenden Gebühren, die Kosten entsprechender nicht öffentlicher Maßnahmen, die Kosten des Betriebs von Müllkompressoren, Müllschluckern, Müllabsauganlagen sowie des Betriebs von Müllmengenerfassungsanlagen einschließlich der Kosten der Berechnung und Aufteilung);

Reinigung
- die Kosten der Gebäudereinigung und Ungezieferbekämpfung (zu den Kosten der Gebäudereinigung gehören die Kosten für die Säuberung der von den Bewohnern gemeinsam genutzten Gebäudeteile, wie Zugänge, Flure, Treppen, Keller, Bodenräume, Waschküchen, Fahrkorb des Aufzugs);

Gartenpflege
- die Kosten der Gartenpflege (hierzu gehören die Kosten der Pflege gärtnerisch angelegter Flächen einschließlich der Erneuerung von Pflanzen und Gehölzen, der Pflege von Spielplätzen einschließlich der Erneuerung von Sand und der Pflege von Plätzen, Zugängen und Zufahrten, die dem nicht öffentlichen Verkehr dienen);

- die Kosten der Beleuchtung (hierzu gehören die Kosten des Stroms für die Außenbeleuchtung und die Beleuchtung der von den Bewohnern gemeinsam genutzten Gebäudeteile, wie Zugänge, Flure, Treppen, Keller, Bodenräume, Waschküchen);
- die Kosten der Schornsteinreinigung (hierzu gehören die Kehrgebühren nach der maßgebenden Gebührenordnung, soweit sie nicht bereits als Kosten nach Nummer 4 Buchstabe a berücksichtigt sind);
- die Kosten der Sach- und Haftpflichtversicherung (hierzu gehören namentlich die Kosten der Versicherung des Gebäudes gegen Feuer-, Sturm-, Wasser- sowie sonstige Elementarschäden, der Glasversicherung, der Haftpflichtversicherung für das Gebäude, den Öltank und den Aufzug); **Versicherung**
- die Kosten für den Hauswart (hierzu gehören die Vergütung, die Sozialbeiträge und alle geldwerten Leistungen, die der Eigentümer oder Erbbauberechtigte dem Hauswart für seine Arbeit gewährt, soweit diese nicht die Instandhaltung, Instandsetzung, Erneuerung, Schönheitsreparaturen oder die Hausverwaltung betrifft; soweit Arbeiten vom Hauswart ausgeführt werden, dürfen Kosten für Arbeitsleistungen nach den Nummern 2 bis 10 und 16 nicht angesetzt werden);
- die Kosten
  - des Betriebs der Gemeinschafts-Antennenanlage (hierzu gehören die Kosten des Betriebsstroms und die Kosten der regelmäßigen Prüfung ihrer Betriebsbereitschaft einschließlich der Einstellung durch eine Fachkraft oder das Nutzungsentgelt für eine nicht zu dem Gebäude gehörende Antennenanlage sowie die Gebühren, die nach dem Urheberrechtsgesetz für die Kabelweitersendung entstehen), **Antenne**
  - des Betriebs der mit einem Breitbandkabelnetz verbundenen privaten Verteilanlage (hierzu gehören die Kosten entsprechend Buchstabe a, ferner die laufenden monatlichen Grundgebühren für Breitbandkabelanschlüsse);
- die Kosten des Betriebs der Einrichtungen für die Wäschepflege (hierzu gehören die Kosten des Betriebsstroms, die

Kosten der Überwachung, Pflege und Reinigung der Einrichtungen, der regelmäßigen Prüfung ihrer Betriebsbereitschaft und Betriebssicherheit sowie die Kosten der Wasserversorgung entsprechend Nummer 2, soweit sie nicht dort bereits berücksichtigt sind);

- sonstige Betriebskosten (hierzu gehören Betriebskosten im Sinne des § 1, die von den Nummern 1 bis 16 nicht erfasst sind).

Kosten, die der Mieter nicht tragen muss

Verwaltungs-kosten

Nicht zu den Betriebskosten, die der Mieter zu zahlen hat, gehören die Verwaltungs- oder Verwalterkosten (meist monatliche Gebühren pro Einheit). Das sind die Kosten der zur Verwaltung des Gebäudes erforderlichen Arbeitskräfte und Einrichtungen, die Kosten der Aufsicht, der Wert der vom Vermieter persönlich geleisteten Verwaltungsarbeit, die Kosten für die gesetzlichen oder freiwilligen Prüfungen des Jahresabschlusses und die Kosten für die Geschäftsführung (§ 1 Abs. 2 Nr. 1 BetrKV).

Instand-haltungskosten

Weiterhin gehören nicht zu den Betriebskosten die Instandhaltungs- und Instandsetzungskosten, die Kosten, die während der Nutzungsdauer zur Erhaltung des bestimmungsgemäßen Gebrauchs aufgewendet werden müssen, um die durch Abnutzung, Alterung und Witterungseinwirkung entstehenden baulichen und sonstigen Mängel ordnungsgemäß zu beseitigen (§ 1 Abs. 2 Nr. 2 BetrKV).

Keine Verspätung

Achten Sie als Vermieter auch darauf, dass Ihrem Mieter die Abrechnung über die Betriebskosten spätestens bis zum Ablauf des zwölften Monats nach Ende des Abrechnungszeitraums mitzuteilen ist (§ 556 Abs. 3 S. 2 BGB). Nach Ablauf dieser zwölfmonatigen Frist können Sie eine Nachforderung nicht mehr geltend machen, es sei denn, Sie haben die Verspätung nicht zu vertreten, weil zum Beispiel noch keine Belege vorgelegen haben oder Sie im Krankenhaus gewesen sind.

Sie können jedoch als Vermieter gegenüber Ihrem Mieter erst dann abrechen, wenn Ihnen die Wohngeldabrechnung der Hausverwaltung vorliegt und der notwendige Beschluss gefasst ist. Achten Sie also bitte darauf, dass Ihre Hausverwaltung spätestens sechs Monate nach Beendigung des Wirtschaftsjahres die Abrechnungen der Eigentümerversammlung vorlegt. Wenn Sie nämlich Ihren Verwalter nicht zur zügigen Abrechnung anmahnen, wird Ihnen die verspätete Vorlage des Verwalters zugerechnet. Unter Umständen können Sie in diesem Fall Ihren Mieter auch nicht mehr zu weiteren Nachforderungen auffordern.

Zeitgerechte Abrechnung

Grundsätzlich können Sie Ihre Abrechnung gegenüber dem Mieter erst dann machen, wenn die Abrechnung durch Beschluss in der Eigentümerversammlung genehmigt worden ist. Probleme können in der Regel dann auftauchen, wenn Beschlüsse über die Abrechnung angefochten werden. Weisen Sie Ihren Mieter darauf hin, dass eine Abrechnung nicht fristgemäß erfolgen kann, da Sie erst die Anfechtungsfrist abwarten wollten. In diesem Fall steht die Ausschlussfrist (§ 556 Abs. 3 S. 3 BGB) einer späteren Korrektur und dadurch einer eventuell höheren Nachzahlungspflicht Ihres Mieters nicht entgegen, da Sie als Vermieter die verspätete Abrechnung nicht zu vertreten haben. Achten Sie auch darauf, dass Sie bei Ihrem Mieter denselben Umlagemaßstab anwenden, der auch zwischen Ihnen und den Wohnungseigentümern aufgrund der Teilungserklärung gilt. So ist zum Beispiel eine Verteilung der Betriebskosten nach Miteigentumsanteilen (MEA) dann nicht richtig, wenn Sie im Mietvertrag eine Verteilung der Betriebskosten nach Quadratmetern vereinbart haben.

Genehmigung

Ihre Pflichten bei der Behebung von Mängeln am Gemeinschaftseigentum

Der Mieter hat einen Anspruch darauf, dass Sie die vermietete Wohnung während der Mietzeit in einem Zustand erhalten, der einen vertragsgemäßen Gebrauch ermöglicht. So kann Ihr Mieter auch die Beseitigung von Mängeln am Gemeinschaftseigentum (zum Beispiel defekte Fenster) verlangen. Diesen Anspruch kann Ihr Mieter ausschließlich gegen Sie richten, da nur Sie sein Mietvertragspartner sind.

Denken Sie daran, dass Sie als Wohnungseigentümer und Vermieter zu Eingriffen in das Gemeinschaftseigentum ohne entsprechenden Beschluss der Gemeinschaft nicht befugt sind. Sie sind jedoch als Eigentümer verpflichtet, alles zu tun, um einen Instandsetzungsbeschluss herbeizuführen, damit der Mangel in der Mietwohnung oder im Gemeinschaftseigentum beseitigt wird.

Rechte und Pflichten bei der Modernisierung des Gemeinschaftseigentums

Duldung Als Vermieter können Sie von Ihrem Mieter verlangen, dass er Modernisierungsmaßnahmen am Gemeinschaftseigentum duldet (Maßnahmen außerhalb seiner Wohnung und an Bestandteilen des Gemeinschaftseigentums in seiner Wohnung, zum Beispiel an den Wasserrohren).

Härte Es gibt jedoch Ausnahmen. Und zwar dann, wenn eine Maßnahme für Ihren Mieter, für seine Familie oder einen seiner Haushaltsangehörigen eine Härte bedeutet (wegen der Beeinträchtigung durch Baumaßnahmen oder wegen einer drohenden Mieterhöhung). In solchen Fällen muss der Mieter die Modernisierungsmaßnahmen nicht dulden. In diesem Fall sind die Interessen Ihres Mieters höher zu bewerten als die Interessen der Eigentümergemeinschaft an einer Modernisierung.

Ein Anspruch auf Duldung der Modernisierungsmaßnahmen kann nur von Ihnen als Vermieter, nicht von der Eigentümergemeinschaft geltend gemacht werden. Sie sind gegenüber der Eigentümergemeinschaft allerdings verpflichtet, den Duldungsanspruch gegen Ihren Mieter geltend zu machen. Dies gilt auch, wenn der Mieter Ihnen droht, wegen der Modernisierungsmaßnahmen von seinem außerordentlichen Kündigungsrecht Gebrauch zu machen.

Abwehr von Störungen

Auch Sie können gegen einen anderen Wohnungseigentümer gerichtlich vorgehen und vom Mieter des anderen Wohnungseigentümers verlangen, dass er eine Störung Ihres Eigentums oder Besitzes unterlässt, wenn Sie eine Beeinträchtigung oder Belästigung nachweisen können.

In den meisten Fällen lohnt es sich jedoch nicht, gleich mit Klage und Gericht zu drohen. Am besten ist es zunächst, mit dem anderen Eigentümer oder Mieter über Hundegebell, Parabolantennen, lautstarke nächtliche Feiern, Entsorgung von Sperrmüll im Gemeinschaftseigentum und viele andere Dinge zu reden.

Klage und Gericht

KAPITEL 12

Problem- und Konfliktfälle

Vor und nach der Fertigstellung einer Wohnungseigentumsanlage können vielfältige Konflikt- und Problemsituationen auftreten.

IN DIESEM KAPITEL ERFAHREN SIE,

– wie Sie mit Problemen bis hin zur Untätigkeit und Insolvenz eines Bauträgers umgehen und
– wie Sie unliebsame Beschlüsse der Eigentümergemeinschaft verhindern und anfechten können.

Fall 1: Der Bauträger ist pleite

Zahlungs-
plan

Hat Ihr Bauträger Insolvenz angemeldet, ist es für Sie von großem Vorteil, wenn Sie – wie in diesem *stern*-Ratgeber empfohlen – einen Zahlungsplan vereinbart haben, nach dem keine Vorauszahlungen fällig werden, sondern sukzessive ausschließlich der Grundstücksanteil und sodann Zug um Zug fertiggestellte Leistungen zu bezahlen sind. Denn zum Zeitpunkt der Insolvenz haben Sie dann nur den Grundstücksanteil und fertiggestellte Leistungen bezahlt. Haben Sie dagegen Vorauszahlungen geleistet, müssen Sie damit rechnen, dass Sie Ihr Geld weder in Form der vereinbarten Leistungen noch in Form von Geld wiedersehen werden.

Anzeichen für
Pleite

Häufig erfahren die Käufer einer Eigentumswohnung gar nicht, dass der Bauträger pleite ist. Er selbst wird es nicht in alle Welt hinausposaunen. Es gibt aber Anzeichen: zum Beispiel länger anhaltender Stillstand auf der Baustelle, Unerreichbarkeit des Bauträgers, Berichte in der Zeitung, Gerüchte, abziehende

Handwerker, die darüber klagen, ihre Rechnungen würden nicht bezahlt. Seien Sie hellhörig, wenn eine Insolvenz in der Luft liegt! Fragen Sie nach, sprechen Sie mit anderen Käufern (notfalls über das Grundbuch zu ermitteln), schließen sie sich mit den anderen Käufern zusammen, suchen Sie gemeinsam einen Fachanwalt für Miet- und Wohnungseigentumsrecht auf und gehen Sie künftig gemeinsam unter der Regie des Anwalts vor.

Nach Eröffnung des Insolvenzverfahrens über das Vermögen des Bauträgers sollten Sie keine Zahlungen mehr leisten, es sei denn, es steht gerade die Bezahlung eines wie geplant und in der vereinbarten Qualität fertiggestellten Bauabschnitts an. Sie sollten nun sehr rasch den Kontakt zum Insolvenzverwalter suchen. Der Insolvenzverwalter kann entweder den ursprünglich mit dem Bauträger geschlossenen Vertrag erfüllen oder mit Ihnen eine „Restabwicklungsvereinbarung" schließen. Letztere Lösung ist die wahrscheinlichere und für Sie als Käufer und Auftraggeber in der Regel mit erheblichen Leistungseinbußen und äußerst ungünstigen Verzögerungen auf der Baustelle verbunden.

Insolvenzverfahren

Es liegt nun in Ihrem Interesse, dieses Kapitel rasch hinter sich zu lassen, und gemeinsam mit den anderen Käufern und den beteiligten Banken die Fertigstellung des Gebäudes zu betreiben. Gut, wenn Sie noch über liquide Mittel verfügen. Denn eine Bauträger-Insolvenz kostet nicht nur Nerven und Zeit, sondern verursacht auch noch Anwaltskosten, die üblicherweise von Rechtsschutzversicherungen nicht beglichen werden.

Rasche Fertigstellung

Fall 2: Fertigstellung des Gemeinschaftseigentums

Sie haben eine Eigentumswohnung in einem Altbau gekauft, doch nach anfänglichen Aktivitäten erlahmt der Eifer des Bauträgers. Nur sporadisch arbeiten Firmen irgendwo im Sonder- oder Gemeinschaftseigentum. Ein Wille zur Fertigstellung des Gemeinschaftseigentums ist nicht erkennbar. Der Hof ist eine

Dauerbaustelle, wesentliche Arbeiten wie die Erneuerung des Dachs oder die Sanierung des Kellers werden nicht geleistet. Was ist in diesem Fall zu tun?

Beratung Die Eigentümer sollten sich von einem Fachanwalt für Miet- und Wohnungseigentumsrecht beraten lassen. Der Anwalt wird sich sogleich für alle abgeschlossenen Kauf- und Bauverträge der Eigentümer interessieren. Denn er wird seinem Vorgehen gegen den Bauträger den für die Eigentümergemeinschaft günstigsten Vertrag zugrundelegen. Jeder Eigentümer kann für sich die Fertigstellung des Gemeinschaftseigentums nach seinem Vertrag verlangen. In der Regel legt der Fachanwalt seinem Agieren den Vertrag mit den für die Käufer besten Leistungen zugrunde. Er kann jedoch auch aus den einzelnen Leistungsverzeichnissen der Verträge die jeweils günstigsten Positionen herausnehmen.

Vorgehen Das weitere Vorgehen des Fachanwalts:

- Aufforderung des Bauträgers, das Gemeinschaftseigentum bis zu einem bestimmten Termin fertigzustellen (in der Regel innerhalb von sechs bis acht Wochen). In dem Schreiben wird der Anwalt wenig freundliche Worte zu den Folgen weiterer Untätigkeit finden und insbesondere eine Klage androhen.

- Falls der Bauträger weiterhin untätig bleibt, wird der Fachanwalt den Eigentümern empfehlen, ein gemeinsames Vorgehen gegen den Bauträger in der Eigentümerversammlung zu beschließen. Ist der Bauträger noch Eigentümer der einen oder anderen Wohneinheit, muss er die Kosten der Eigentümergemeinschaft für das Vorgehen gegen ihn anteilig mitfinanzieren. Der Bauträger hat dann Anwalts- und Gerichtskosten, eventuell auch teuere Gutachten mitzuzahlen.

- Zeigt sich der Bauträger nun kooperativ und kann er die Verzögerungen begründen, dann sollte man ihm die Chance geben, seinen Vertrag zu erfüllen.

Gutachten - Ist dies nicht der Fall und haben die Eigentümer ihre Wohnungen bereits durch Einzug oder die Aufnahme von Eigenleistungen in den Wohnungen abgenommen, müssen sie einen Gutachter damit beauftragen, die vorhandenen Sachmängel am Gemeinschaftseigentum zu dokumentieren.

- Das Gutachten bildet sodann die Grundlage für die Klage einzelner Eigentümer oder der Eigentümergemeinschaft. In der Regel wird der Fachanwalt nicht mehr auf Fertigstellung klagen, sondern auf einen Geldbetrag, der notwendig ist, um die gutachterlich festgestellten Mängel zu beseitigen.

Fall 3: Verhinderung einer hohen Sonderumlage

In der Eigentümerversammlung steht der Beschluss einer hohen Sonderumlage zur Finanzierung aufwändiger Reparatur- und Sanierungsarbeiten an. Da Sie nicht so viel Geld auf der hohen Kante haben, wollen Sie diesen Beschluss unter allen Umständen verhindern. Was können Sie tun?

Bereiten Sie die Eigentümerversammlung gut vor und stimmen Sie sich mit anderen Eigentümern ab. Sammeln Sie gute Argumente gegen die Maßnahmen, die mit der Sonderumlage realisiert werden sollen! Studieren Sie die Angebote, die der Verwalter vorlegt. Holen Sie außerdem weitere Angebote ein und bringen Sie Alternativvorschläge in die Eigentümerversammlung ein, zum Beispiel eine Sanierung, die kleinere Arbeitspakete auf mehrere Jahre vorsieht und die Eigentümer in einem Jahr nicht so stark belastet! Beteiligen Sie sich an den Diskussionen in Eigentümerversammlungen und versuchen Sie aktiv, die Eigentümer auf Ihre Seite zu ziehen. Kein Eigentümer kann seinen Anteil an einer umfangreichen Sonderumlage aus der Portokasse finanzieren. Sie haben also gute Chancen, den von Ihnen nicht gewollten Beschluss vom Tisch zu bringen.

Gute Vorbereitung

Fall 4: Anfechtung eines Beschlusses der Wohnungseigentümerversammlung

Obwohl Sie vor und während der Eigentümerversammlung alles getan haben, um einen missliebigen Beschluss zu verhindern, stimmt eine knappe Mehrheit für die vorgeschlagene Maßnahme. Welche Möglichkeiten haben Sie nun? Sie müssen den Beschluss akzeptieren oder können ihn – sofern möglich – anfechten. Mögliche Anfechtungsgründe:

- formale Fehler vor oder bei der Beschlussfassung (keine ausreichende Ankündigung in der Tagesordnung, keine 500 Tausendstel mehr vertreten bei Beschluss, Beschluss unter „Sonstiges" oder „Verschiedenes", keine Verkündigung des Beschlusses durch den Verwalter etc.)

- inhaltliche Fehler (mangelhafte Unterlagen, unzulässige Inhalte)

Erfolgs-aussichten

Ihr Fachanwalt für Miet- und Wohnungseigentumsrecht kann Ihnen bei der juristischen Erstberatung sagen, ob Aussichten bestehen, die Klage zu gewinnen oder nicht. In jedem Fall müssen Sie nach der Eigentümerversammlung sehr schnell agieren. Bis Sie das Protokoll der Eigentümerversammlung erhalten, vergehen meist zwei Wochen, oft sogar mehr. Sie müssen jedoch bereits spätestens einen Monat nach der Eigentümerversammlung Ihre Klage an das WEG-Gericht gesandt haben und innerhalb zwei weiterer Monate die Anfechtungsklage begründen.

Fall 5: Durchbruch zwischen zwei Wohnungen

Sie bewohnen eine Eigentumswohnung, doch dieses Domizil wird aufgrund von Nachwuchs in Ihrer Familie zu klein. In ein anderes Haus oder eine andere Wohnung wollen Sie nicht umziehen, da Sie sich hier sehr wohlfühlen und mit anderen Eigentümern Freundschaft geschlossen haben.

Um den Engpass zu beheben, greifen Sie bei der nächstbesten Gelegenheit zu, wenn die Nachbarwohnung oder die Wohnung über oder unter Ihrer Wohnung verkauft wird. Endlich verfügen Sie wieder über ausreichend Wohnraum! Doch nun kommt eine Schwierigkeit auf Sie zu. Sie wollen die Mauer oder die Decke

Ihrer Eigentumswohnung durchbrechen, um die beiden Wohneinheiten miteinander zu verbinden.

Genau das ist jedoch in einer Eigentumswohnanlage mit Abgeschlossenheitsbescheinigung nicht vorgesehen, denn jede Wohnung muss ja „abgeschlossen" sein. Änderungen am Gemeinschaftseigentum bedürfen der Zustimmung aller Eigentümer, die durch die Maßnahme betroffen sein könnten (§ 22 Abs. 1 WEG). Außerdem sind die anderen Eigentümer an einer Baumaßnahme und der damit verbundenen Lärm- und Schmutzbildung nicht interessiert. Was müssen Sie also tun?

Sie müssen die Eigentümer überzeugen, dass bei Ihrer Wohnungszusammenlegung alles mit rechten Dingen zugeht und keine Kosten für andere Eigentümer entstehen. Ergreifen Sie vertrauensbildende Maßnahmen. Lassen Sie ein statistisches Gutachten erstellen, das beweist, dass durch den Durchbruch einer Mauer oder Decke keine statischen Beeinträchtigungen entstehen. Legen Sie einen Beschlussantrag vor, in dem Sie sich verpflichten, sämtliche Kosten der Baumaßnahme sowie des Rückbaus zu tragen.

Vertrauensbildende Maßnahmen

Wenn Sie sich gegenüber anderen Eigentümern immer freundlich und entgegenkommend verhalten haben, dann haben Sie eine gewisse Chance, dass Sie in der Eigentümerversammlung eine notwendige Mehrheit erhalten. Wenn Sie dagegen bereits Feindschaften aufgebaut und gepflegt haben, wird es schwierig sein, die notwendige Zustimmung zu erhalten.

Stichwortverzeichnis

Weitere Titel

- Bernhard F. Klinger (Hrsg.)/Armin Abele/Klaus Becker/
  Thomas Maulbetsch/Wolfgang Roth
  Der Vorsorgeplaner
  Wie Sie durch Vollmachten, Verfügungen und Testamente für den Krankheits-,
  Pflege- und Erbfall vorsorgen
  ISBN 978-3-7093-0356-6
  2011, 192 Seiten
  EUR 9,90 (D/A)

- Andreas Lutz/Monika Schuch
  Existenzgründung
  Was Sie wirklich wissen müssen. Die 50 wichtigsten Fragen und Antworten
  ISBN 978-3-7093-0351-1
  2011, 208 Seiten
  EUR 14,90 (D/A)

- Ludger Bornewasser/Bernhard F. Klinger
  Der Streit ums Erbe
  Wie Sie Ihre Interessen wahren und Konflikte vermeiden. Spannende Fälle aus der Praxis
  zeigen, worauf es ankommt.
  ISBN 978-3-7093-0328-3
  2011, 160 Seiten
  EUR 9,90 (D/A)

- Bernhard F. Klinger (Hrsg.)/Florian Enzensberger/Thomas Maulbetsch/Joachim Müller/
  Wolfgang Roth
  Betreuung von Angehörigen
  Bestellung – Aufgaben, Rechte und Pflichten – Kosten – Haftung. Antworten auf alle
  wesentlichen Fragen zum Betreuungsrecht
  ISBN 978-3-7093-0338-2
  2011, 160 Seiten
  EUR 9,90 (D/A)

- Stefanie Kubosch/Julia Kleine/Annette Eicker
  Gekündigt – was tun?
  Von Abfindung bis Zeugnis: Ihre Rechte – Ihre Chancen. Wie Sie wieder Mut fassen und
  beruflich neu durchstarten.
  ISBN 978-3-7093-0337-5
  2011, 152 Seiten
  EUR 9,90 (D/A)

● Rudolf Stumberger
Hartz IV
Das aktuelle Gesetz mit den neuen Regelungen. Mit verständlichen Erklärungen zum
Ausfüllen des Antrages.
ISBN 978-3-7093-0331-3
5. Auflage 2011, 152 Seiten
EUR 9,90 (D/A)

● Astrid Congiu-Wehle/Agnes Fischl
Der Ehevertrag
Wie Sie Vorsorge für Ehe, Trennung und Scheidung treffen
ISBN 978-3-7093-0304-7
2010, 160 Seiten
EUR 9,90 (D)/EUR 10,20 (A)

● Joachim Mohr/Frank Lechner
Alleinerziehend – das sind Ihre Rechte
ISBN 978-3-7093-0259-0
2010, 160 Seiten
EUR 9,90 (D)/EUR 10,20 (A)

● Gordian Philipps/Susanne Lebek
Erfolgreich durchs Assessment-Center
ISBN 978-3-7093-0321-4
2010, 184 Seiten
EUR 14,90 (D)/EUR 15,40 (A)

● Andrea Westhoff/Justin Westhoff
Ihre Rechte als Kassenpatient
Wie Sie auch als gesetzlich Versicherter von Ärzten und Kassen bekommen,
was Ihnen zusteht
ISBN 978-3-7093-0295-8
2010, 160 Seiten
EUR 9,90 (D)/EUR 10,20 (A)

● Roland Stimpel
In 10 Schritten zum Eigenheim
Planen, kaufen, bauen: Von der Suche bis zur Finanzierung – Ihr Wegweiser zum eigenen
Haus
ISBN 978-3-7093-0288-0
2010, 160 Seiten
EUR 9,90 (D)/EUR 10,20 (A)

- Bernhard F. Klinger (Hrsg.)/Sven Klinger/Joachim Mohr/Wolfgang Roth/
  Johannes Schulte
  Patientenverfügung und Vorsorgevollmacht
  Was Ärzte und Bevollmächtigte für Sie in einem Notfall tun sollten. Was die Neuregelung
  für Sie konkret bedeutet.
  ISBN 978-3-7093-0289-7
  2. Auflage 2009, 144 Seiten
  EUR 9,90 (D)/EUR 10,20 (A)

- Bernhard F. Klinger
  Das Testament
  Konkrete Anleitungen für alle Lebensmodelle – vom Single bis zur Patchwork-Familie.
  Wie Sie Streit vermeiden und Steuern sparen.
  ISBN 978-3-70930264-4
  2009, 168 Seiten
  EUR 9,90 (D)/EUR 10,20 (A)

- Michael Schröder
  Scheidung – aber fair
  Sorgerecht – Unterhalt – Umgangsrecht . Es geht auch friedlich, wenn die Vernunft siegt.
  ISBN 978-3-7093-0272-9
  2. Auflage 2009, 176 Seiten
  EUR 9,90 (D)/EUR 10,20 (A)

- Andreas Heiber
  Die neue Pflegeversicherung
  Der Antrag – die Pflegestufen – die Leistungen: Ihre neuen Möglichkeiten und Chancen
  ISBN 978-3-7093-0237-8
  2008, 192 Seiten
  EUR 9,90 (D)/EUR 10,20 (A)

- Eva Schmitz-Gümbel/Karin Wistuba
  Erfolgreich zum Traumjob
  Coaching zur Berufswahl für Eltern und Schüler
  ISBN 978-3-7093-0213-2
  2008, 168 Seiten
  EUR 9,90 (D)/EUR 10,20 (A)

- Astrid Congiu-Wehle/Joachim Mohr
  Das neue Unterhaltsrecht
  Wie viel bekomme ich? Wie viel muss ich zahlen?
  ISBN 978-3-7093-0229-3
  2008, 168 Seiten
  EUR 9,90 (D)/EUR 10,20 (A)

- Karin Spitra/Ulf Weigelt
Ihr Recht als Arbeitnehmer
Vom Vorstellungsgespräch bis zur Kündigung – was darf der Chef?
ISBN 978-3-7093-0218-7
2008, 192 Seiten
EUR 9,90 (D)/EUR 10,20 (A)

- Wolfgang Jüngst/Matthias Nick
Arbeiten und Leben im Ausland
Auswandern oder Überwintern: alle wichtigen Informationen. Mit 10 Länderkapiteln von Schweiz bis USA.
ISBN 978-3-7093-0214-9
EUR 9,90 (D)/EUR 10,20 (A)

- Tibet Neusel/Sigrid Beyer/Kathrin Arrocha
Immobilienkauf
Haus oder Wohnung – Alles über Finanzierung, Recht und Steuern
ISBN 978-3-7093-0195-1
2008, 190 Seiten
EUR 9,90 (D)/EUR 10,20 (A)

- Andrea Erdmann/Andreas Kobschätzky
Erfolgreich bewerben
Von der systematischen Vorbereitung zum souveränen Bewerbungsgespräch und fairen Arbeitsvertrag
ISBN 978-3-7093-0187-6
2008, 176 Seiten
EUR 9,90 (D)/EUR 10,20 (A)

- Wolfgang Jüngst/Matthias Nick
Wenn der Nachbar nervt
Rechte und Pflichten in der Nachbarschaft
ISBN 978-3-7093-0174-6
2007, 160 Seiten
EUR 9,90 (D)/EUR 10,20 (A)

- Inken Wanzek/Christine Rosenboom
Arbeitsplatz in Gefahr – Das sind Ihre Rechte
Kündigung – Beschäftigungsgesellschaft – Aufhebungsvertrag – Mobbing – Trennungsgespräche
ISBN 978-3-7093-0152-4
2007, 240 Seiten
EUR 14,90 (D)/EUR 15,40 (A)